Abenteuer Bibliothek

Evelyne Polt-Heinzl (Hg.)

ABENTEUER BIBLIOTHEK

Ein Ort des Wissens und der Fantasie

CHRISTIAN BRANDSTÄTTER VERLAG

Dieses Buch wurde auf Initiative der Generaldirektorin der Österreichischen Nationalbibliothek Dr. Johanna Rachinger und mit freundlicher Unterstützung des Bundesministeriums für Unterricht, Kunst und Kultur gedruckt.

Bibliografische Information der Deutschen Nationalbibliothek
Die Deutsche Nationalbibliothek verzeichnet diese Publikation in der Deutschen Nationalbibliografie; detaillierte bibliografische Daten sind im Internet über http://dnb.d-nb.de abrufbar.

1. Auflage

Herausgeberin: Evelyne Polt-Heinzl
Typographische Gestaltung, Satz: Ekke Wolf, www.typic.at
Abbildungen: Österreichische Nationalbibliothek, Wien;
Abbildungen auf den Seiten 20, 64, 67, 77, 82, 107: Sammlung Christian Brandstätter, Wien

Gedruckt in der EU.

ISBN 978-3-85033-249-1

Christian Brandstätter Verlag
GmbH & Co KG
A-1080 Wien, Wickenburggasse 26
Telefon (+43-1) 512 15 43-0
Telefax (+43-1) 512 15 43-231
E-Mail: info@cbv.at
www.cbv.at

Inhalt

Unter den verschiedenen Werkzeugen des Menschen
ist das erstaunlichste zweifellos das Buch.

Jorge Luis Borges

Das Glück des Lesens ist derart unvorhersehbar, daß selbst ein geübter Leser immer wieder Überraschungen erlebt.

Emile-Auguste Chartier

Entrée

Die eigentümliche, vom stillen Geist der Bücher geprägte Atmosphäre in Bibliotheken ist ein beliebtes Sujet der Literatur. Für jede Bibliothek sind diese literarischen Schilderungen ihres spezifischen Genius Loci wertvolle historische Zeugnisse. Sie veranschaulichen in exemplarischer Weise ihre Eigenart und ihre gesellschaftliche Bedeutung im Spiegel der Wahrnehmung ihrer LeserInnen. Der Kreis an berühmten Persönlichkeiten, aber auch die ungeheuer reichhaltige Geschichte jener Ideen und Gedanken, die in den Lesesälen großer Bibliotheken geboren wurden, werden auf diese Weise zumindest in Ansätzen erahnbar.

Natürlich finden sich unter diesen Erfahrungsberichten nicht nur Lobeshymnen, sondern auch manch kritische oder sarkastische Bemerkung, wie etwa in Robert Musils berühmtem Werk »Der Mann ohne Eigenschaften«. General Stumms resignierter Ausdruck vom »Tollhaus der Bücher« ist zum festen Topos geworden. Mit der rätselhaften, dem Laien kaum mehr verständlichen Ordnung, die darin herrscht, ist Musil – der selbst einige Jahre als Bibliothekar tätig war – aber bestens vertraut. Er macht hier sehr sensibel auf einen bedeutenden Paradigmenwechsel im Berufsbild des Bibliothekars aufmerksam: bis ins 19. Jahrhundert hinein in der Rolle des bibliophilen Gelehrten und intimen Kenners seiner Bestände, wird er durch die ansteigende Bücherproduktion zunehmend nur noch zum Experten und Verwalter von Hilfsmitteln, Katalogen, um die vom Leser gewünschten Bücher gezielt und verlässlich auffinden zu können. Er ist somit Herr in diesem Tollhaus der Bücher um den Preis, dass er selbst »kein einziges mehr liest«.

Eine kleine Anmerkung zu Gerhard Roths Text sei hier auch noch erlaubt: der von ihm noch beschriebene sogenannte »Sarg«, der unter anderem unaufgearbeitete Buchbestände aus in der NS-Zeit enteigneten Bibliotheken jüdischer BürgerInnen enthielt, existiert nicht mehr. Die Österreichische Nationalbibliothek hat sämtliche unrechtmäßige Erwerbungen aus der NS-Zeit akribisch ermittelt, in ihrem Provenienzbericht 2003 aufgelistet und an die ErbInnen der Verfolgten zurückgegeben.

Vielleicht scheint es manchen, dass die Beschwörung des Genius Loci, des spezifischen sozialen Mikrokosmos »Bibliothek«, heute in einer mehr und mehr von Online-Medien und dem Internet dominierten Informationslandschaft bereits nostalgisch ist. Es ist aber meine feste Überzeugung, dass Bibliotheken als reale Orte des konzentrierten Studiums, als soziale wie kulturelle Treffpunkte, als »Orte des Geistes« auch weiterhin überleben werden.

Ich freue mich über diese interessante historische Textsammlung zur Österreichischen Nationalbibliothek, beziehungsweise ihrer Vorgängerinstitution der k.k. Hofbibliothek, und wünsche allen LeserInnen eine anregende Lektüre.

Dr. Johanna Rachinger
Generaldirektorin der Österreichischen
Nationalbibliothek

MEHR ALS NUR EIN ARBEITSPLATZ

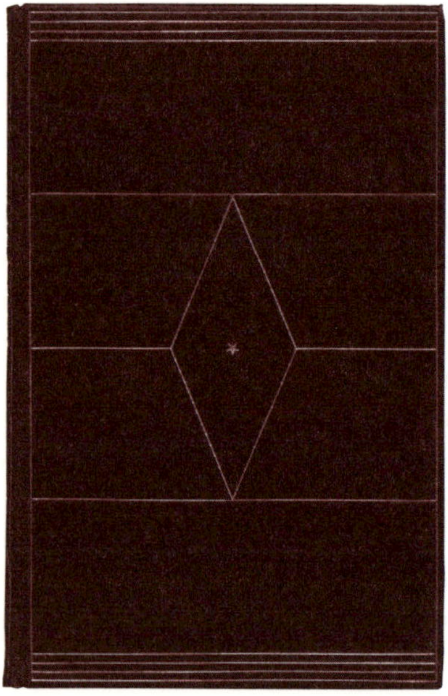

Frage: Was wäre für Sie das größte Unglück?
Antwort: Der Zerfall der Bücher.

Michael Krüger

Die Bibliothek ist mit eben so vielen literarischen Lobeshymnen bedacht worden wie das Buch selbst, da »jede Leidenschaft von einer Vorliebe für die Umgebung ihres Gegenstandes begleitet wird« (Marcel Proust). Alte Lesesäle haben eine besondere Atmosphäre, die eine gewisse Gemeinsamkeit der Leser ebenso umfasst wie Diskretion, Rücksichtnahme und eine weitgehende Garantie auf Exterritorialität des jeweiligen Leseplatzes. »Es sind viele Leute im Saal, aber man spürt sie nicht. Sie sind in den Büchern. Manchmal bewegen sie sich in den Blättern, wie Menschen, die schlafen und sich umwenden zwischen zwei Träumen.« So beginnt Rainer Maria Rilkes Hommage an die Pariser Bibliothèque Nationale in den »Aufzeichnungen des Malte Laurids Brigge« (1910). Im Lesesaal findet die ideelle Gemeinschaft der Leser ihre räumliche Entsprechung. »Das gemalte Laub in den Deckenfeldern der Bibliothèque Nationale. Wenn unten geblättert wird, rauscht es droben«, notiert Walter Benjamin in seinem »Passagen-Werk«.

Es war die Wiener Nationalbibliothek, in die sich die junge Kunsthistorikerin Hilde Zaloscer (1903–1999) zurückzog, während in Deutschland schon die Nationalsozialisten marschierten und der wachsende Antisemitismus im universitären Umfeld auch in Österreich für sie jede Perspektive verdunkelte. Hilde Zaloscer gelang 1936 die Ausreise nach Ägypten. Meist bedeutete die Flucht ins Exil auch Trennung von den eigenen Büchern, die dann im Zuge der Arisierungsaktionen nicht selten für die »Nationalbibliothek ergattert« wurden. Stefan Zweig konnte seine Bibliothek noch übersiedeln und versuchte sich im Londoner Exil mit einer Rekonstruktion seines Bücherzimmers aus dem verlorenen Haus auf dem Salzburger Mönchsberg zu beheimaten. Es ist nicht gelungen. Stefan Zweig wanderte weiter und nahm sich 1942 in Brasilien das Leben. In der Situation des Exils fungierte das Buch nicht selten auch als Subsistenzmittel. In vielen Berichten – auch jenem von Hilde Zaloscer – ist nachzulesen, wie der Verkauf von mitgenommenen Büchern kurzfristig über ökonomische Engpässe hinweghelfen musste.

Hilde Zaloscer

Geborgenheit

In diesen Jahren arbeitete ich an vielen wissenschaftlichen Projekten mit, natürlich ohne Bezahlung, aber es war keine verlorene Zeit. So trat ich durch die Vermittlung meiner Schwester mit Dr. Otto Neurath, dem Begründer und Leiter des Gesellschafts- und Wirtschaftsmuseums *Mundaneum*, in Kontakt. Ich habe – vielleicht war es ein Fehler – nie einer Partei angehört, nie ein Parteibuch besessen, was mir vielleicht geholfen hätte. Alles, was ich erreicht habe, erreichte ich ausschließlich auf Grund meiner Arbeit; politisch wurde ich später, aber nie auf die hierzulande übliche Weise partei-politisch.

Otto Neurath beauftragte mich, eine statistische Untersuchung über die Hexenprozesse zu machen – eine Arbeit, die auf den ersten Blick mit meinem kunstwissenschaftlichen Interesse nichts zu tun hatte, mir aber dennoch eine neue Dimension in der Beurteilung von Epochen und Stilen eröffnen sollte.

Ich stürzte mich mit Feuereifer in dieses so abwegig

erscheinende Unternehmen, verbrachte Wochen, Monate in der von mir so heißgeliebten alten Nationalbibliothek am Josephsplatz, deren Atmosphäre stimulierend wie keine andere ist. Vielleicht habe ich damals in dieser Bibliothek trotz der immer aussichtsloser erscheinenden Situation meine glücklichsten Stunden verbracht. Jedenfalls absorbierte mich die Arbeit, ließ für pessimistische Gedanken wenig Zeit. Ursachen dafür wären, weiß Gott, genug gewesen.

Aber auch die Parallelität der historischen Situation, mit der ich mich im Zusammenhang mit meinem Projekt zu beschäftigen hatte, Ursachen und Art dieser Bestialitäten zu jenen, die sich vor meinen Augen abspielten, hätte mich aufhorchen lassen müssen. Die Vermischung von sexuellen und sadistischen Komponenten, die der »Hexenhammer« deutlich macht, die damaligen Nürnberger Gesetze, Intoleranz, Sturheit, Dummheit der Dunkelmänner und nicht zuletzt die materiellen Vorteile, die die Hexenprozesse und -verbrennungen jenen brachten – da natürlich das Vermögen der Verurteilten eingezogen wurde – all das hätte einen Vergleich mit der Gegenwart nahegelegt. Ich erinnere mich, als ich Otto Neurath meine Oleate vorlegte, in denen die Hexenprozesse statistisch eingezeichnet waren: ein rotes Quadrat für je tausend verurteilte Hexen, ein blaues für je hundert, etc. … Wir sahen uns gemeinsam an, wo sich die roten Quadrate häuften, und es fiel uns auf, daß dort, wo man die schwersten Ausschreitungen erwartet hätte, etwa in Spanien oder Italien, die roten Quadrate viel spärlicher waren. Am dichtesten waren sie in Deutschland, entlang des Rheins und in Schlesien, und als ich bemerkte, daß dort die schönsten barocken Dome stünden, erwiderte Neurath: »Natürlich, man brauchte ja Geld, um diese Dome zu erbauen!« Ich lieferte meine Arbeit ab, bekam ein Anerkennungshonorar von 50 Kronen und einen schönen Brief von Otto Neurath. Leider ist das Material zur Gänze verloren gegangen, sowohl die Originalkarten und -oleate als auch die Duplikate, die ich nach Alexandrien mitgenommen hatte.

Die Bibliothek steht da wie eine Leiter ins Unendliche …

Alfred Polgar

DIE LOCATION

Ein Palast ohne Bücher – wie arm!
Eine Hütte mit Büchern –
wie unsäglich reich!!

Jakob Haringer

Den auftakt dieses abschnitts bildet ein hymnus auf den Neubau der Wiener Hofbibliothek am Josephsplatz; sein Ton klingt so exzentrisch wie der Verfassername: Sir Galahad (1874–1948) ist das Pseudonym Bertha Eckstein-Dieners, unter dem sie 1920 auch ihren Roman »Die Kegelschnitte Gottes« publizierte, der mit dem traditionellen Vehikel des Blicks von außen eine radikale »Umwertung aller Werte« vornimmt. Mit Nietzscheanischem Gestus fegt Bertha Eckstein-Diener so ungefähr alles hinweg, was abendländischer Kultur und Tradition wert und teuer ist. Das beginnt bei ganz kleinen Dingen wie dysfunktionalen Beleuchtungsorgien, der »Barbarei« des falschen Theaterprunks oder den Kleider- und Schminkmoden, die Körper verbiegen und jeder Ästhetik Hohn sprechen. »Es ist das Stärkste, was gegen diesen Kontinent in der heutigen Literatur zu finden ist. [...] Ein Asiate kommt nach Europa. Und sieht es mit seinen gebildeten, unverbildeten Augen. Das ist hundertmal gemacht worden. Aber nie mit solcher Kühnheit, mit so göttlicher Frechheit, nie mit so erhabener und erhebender Ehrfurcht, mit so viel Liebe und mit so viel Haß«, schrieb Kurt Tucholsky bei Erscheinen des Buches. Besonders leidenschaftlich verurteilt der reisende Asiate Horus Elcho die unharmonische Bauweise der Städte und die architektonischen Bausünden der Zeit, in Wien vor allem den Historismus der Wiener Ringstraße. Allein der »stille Josephsplatz, vor des Fischer von Erlach Bibliothek« entspricht seiner Vorstellung von organischer Raumgestaltung; in der gemeinsamen Bewunderung für die Harmonie dieses Ortes organisiert Sir Galahad im vorliegenden Abschnitt die Begegnung mit der Wienerin Sybil, in der Horus inmitten der europäischen »Ungeratenheit« eine verwandte Seele erblickt.

Der Bau Fischer von Erlachs lässt auch sachliche Berichterstatter ins Schwärmen geraten. Johann Andreas Schmeller (1784–1852), Bibliothekar an der königlichen Hof- und Staatsbibliothek in München, unternimmt 1839 eine Reise durch Österreich, bei der er eine Reihe von Bibliotheken besucht, in Wien natürlich die Hofbibliothek, und zumindest »Was das Gebäude betrifft«, ist Schmeller vorbehaltlos begeistert.

Der dritte Text dieses Abschnitts ist ebenfalls einem nüchternen Gestus verpflichtet, Gerhard Roth (* 1942) unternahm 1991 »Eine Reise in das Innere von Wien«, und das implizierte eine Reihe von unterirdischen Erkundungen, so auch im Buchspeicher der Österreichischen Nationalbibliothek. Was Gerhard Roth dabei sichtlich überwältigte, waren die Dimensionen des Bücherlabyrinths – räumlich wie quantitativ. »Das Rinnsal der Literatur ist zu einem Sturzbach angewachsen«, schrieb Washington Irving über die British Library, als diese 51 000 Bücher zählte. Seither ist die Debatte über den Umgang mit dem Mengenproblem nicht mehr verstummt – das zugleich die Faszination des fortwährend anwachsenden Weltwissens zwischen Buchdeckeln ausmacht.

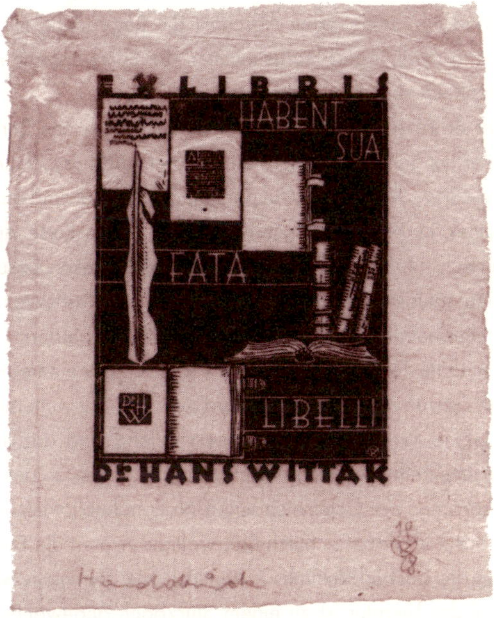

Die Zerstreuung eines Buches durch die Welt ist fast ein ebenso schwieriges und wichtiges Werk als die Verfertigung desselben.

Friedrich Schiller

Sir Galahad

Vielleicht der schönste Profanbau der weißen Welt

Oft ging er, die Ringstraße, diesen Kranz übel gegründeter Erhebungen, von dem Tempel mit jonischen Säulen als Rauchfängen, bis zur Gotik für Gemeinderäte, ängstlich meidend, auf den stillen Josephsplatz, vor des Fischer von Erlach Bibliothek. Wie ihm schien, einem der schönsten Profanbauten der weißen Welt.

Barg sich dann halb hinter einem fetten Palast im trächtigen Kuhstil mit vier Renaissance-Trampeln als Karyatiden, um ungestört schauen zu können. Denn er hatte bemerkt: das Natürlichste: in der Stadt die Stadt anzusehen, fiel hier peinlich auf. Ihre Bewohner, ausschließlich damit beschäftigt, einander erst entgegen – dann an – dann nachzustarren, sammelten sich alsobald im Kreis, stierten eine Weile mit hinauf, frugen schließlich gereizt, wo der ausgeflogene Kanarienvogel denn säße.

Dort aber stand er in Deckung vor dem wimmelnden Heute. Gegenüber der stumme Platz einer verschwundenen Menschheit, mit dem segnenden Reiterbild in steilem Empire, nicht eben gut, doch echt in seinen Fehlern. Dahinter stieg, unvergleichlich an Maß und Adel männlicher Anmut, des großen Saales steinerne Schale. Sein inneres Rund, wie leise hindurchgeatmet durch des Sockels breite Kantigkeit, hatte etwas vom Tier und vom Kristall.

Oben die fein verdrückte Kuppel. Er liebte Kuppeln, das Dreifache weisend in schwierigem und edlem Schwung, irgendwie verwandt dem Bronzereifen der Ekliptik auf wundersamen Weltmodellen Tycho de Brahes oder auch einem überpersönlichen Haupt vergleichbar, durch das sich der Geist des dreifachen Raumes Gestalt erwölbt.

Als er diesmal den menschenarmen Platz betrat, sahen die Näherkommenden alle aus, als wäre ihnen etwas passiert. Verlegener Hohn in der Haltung; die ganze Atmosphäre wie um Gargis Erscheinung, ersten Tags im Speisesaal, nur noch manierloser, aggressiver. Gargi hier? Doch nein! Er ließ sie ja an diesem Ort nicht mehr allein ausgehen, seit vor ihm zwei junge »Herren« auf der Straße – gleichsam als Promenadespiel – einander die möglichst niedrige Summe jeweils zugerufen, die jeder für den Geschlechtsakt mit den ihm entgegenwandelnden Mädchen und Frauen anzulegen sich bemüßigt fühlte. Das tiefste Angebot teilten sie sich dann immer grinsend, von den zehn Fingern pantomimisch unterstützt, über die Köpfe der Ahnungslosen hinweg, mit.

Die Prinzipessa Dango? Wohl kaum. Als Archies Hörige war sie momentan am Tempelhofer Feld in einem Gecco Pintaccio-Film prostituiert.

Doch wozu die Lügen um sein Herz. An dem strahlenden Schauder wußte er, was – nicht weiße – noch schwarze – einzig die rote Magie intensiv wünschender Sehnsucht ihm, nach so vielen Monaten da zu erscheinen zwang. Es stand: eine lichte, leicht noch nachschwingende Lanze, wie in einer Steilrechten heruntergezückt, aus klarerer Heimat, ohne das Weichbild dieser Stadt auch nur berührt zu haben. Hob kritisch beglückt das Profil dem andern, steinernen entgegen, dort wo der Eckbau aus Pylonenbreite in einer höfisch feinen Kurve der Vollendung sich verjüngte.

Ganz langsam genießend kam er heran auf erhöhten Sinnen, seinem gewohnten Standort zu, unmittelbar hinter dem ihren. Selbst jetzt hätte er dieses ernste, holde und sehr geheimnisvolle Gesetz nicht durchbrechen, sich ihr in Willkür auch nicht um einen Schritt nähern mögen. Gerade deshalb war sie nun auf seinen Weg gestellt worden, in so viel verheißungsvollerer, weil freigeborener Weise »zufällig«, somit aus reinster Notwendigkeit.

Ganz in die Erblickung gestürzt, beobachtete er noch mit dem erleuchteten Saum seiner Sinne amüsiert den ganzen ranzigen Aufruhr: die mannigfachen Schreckphänomene aller Unreingegliederten dem Niegeschauten gegenüber. Hier, wo der Mob viel höher heraufreichte wie irgendwo anders, glaubte jeder Vorüberkommende sich berechtigt, durch Haltung, Miene oder erkünstelten Naturlaut eine Meinung, um die er nicht gefragt worden war, der Dame kund zu tun.

Frauen versuchten, voll höhnischem Mitleid zu erschrecken, zwinkerten um Solidarität hinüber zu wildfremden, achselzuckenden Männern. Andre, mit Kindern an der Hand, ermunterten diese, die nicht recht wußten weshalb, sich kichernd umzudrehen. »Pfuitterdeixel« pfiff ein ganz ausgekegelter Schlosserlehrling mit O-Beinen, Überbeinen und Plattfüßen in die Luft. Er nickte ihm zu: »So recht Crapüle, hätte sie bei Deinesgleichen Erfolg, müßte sie sich doch erschießen«. Gleich bei jener ersten Szene im Restaurant hatte er ja für immer begriffen: nichts haßt und fürchtet der Kötermensch so sehr, wie den Stilbildner, der durch sein bloßes Dasein etwas zu fordern scheint, eine Anstrengung, das Niveau zu ändern. Weder Bescheidenheit noch Diskretion retten da den Ungemeinen. Erst wird man ihn mit boshafter Herablassung niederzugrinsen, dann mit aggressiver Infamie von sich abzutun versuchen, denn als »schön« vermag der optisch Ungebildete nur den eigenen Komparativ zu begreifen, lediglich was einer zum größeren Grade als er selbst besitzt. Das in der Linie des leicht Erreichbaren gelegene allein gefällt ihm, so daß im Wohlgefallen noch Faulheit und persönliche Eitelkeit befriedigenden Platz finden. Erst der sich selbst Erziehende, welcher Art er auch sein möge, wird Fremdes: daher Befremdendes sogleich optisch »vom Blatt zu lesen« und zu werten vermögen.

Jetzt war er hinter ihr, auf seinem gewohnten Platz. Sie stand abgeschirmt mit unvergleichlich lässiger Verachtung. Schaute. »Die Wellen dieser zappelnden Gemeinheit sind viel zu kurz, um ihre langen Wogenzüge zu stören,« fühlte der Entzückte, »können gar nicht an diesen hohen Sender mit strahlender Antenne rühren.«

Sein Männerschatten beugte sich über. Da rief sie sich wie in eine bedrohte Festung zurück. Das unverweslich Herbe an ihr, diese steigernde Dissonanz des Reizes, vereiste sofort ins Abschreckende, absichtlich Abstoßende. Hochgemutes gerann zu Hochmut. Das war ihm neu! Eine Kultur des Hasses, kundig und erlesen.

»Kristallumpanzerte« fühlte er. »Ganz Weiße. Fremdeste der Fremden hier.«

Sie einfach vom Trottoir wegheben, ganz in Zartheit wickeln und hintragen, wo er der Herr war. Ihr Wesen und ihr Ort trafen ihn wie eine Blasphemie von Gott aus; mindestens wie ein schwer zu verantwortender *faux pas* himmlischerseits. In des Schattens Haltung lag jetzt so viel Diskretion, wie er jede Berührung mit dem ihren mied, daß sie sich halb wandte. Die einsamen Sternsaphire sahen ihn zum erstenmal an. In Padua hatten sie durch ihn hindurch in die Erwartung des Glücks geschaut. Sahen jetzt statt eines Überlästigen, statt eines pöbelnden Männchens einen Menschen vor sich, einen brüderlichen Gentleman.

Geschwisterlich gleichgerichtet, Seite an Seite flog von nun an ihr Genießen alle Linien des Baus entlang; einen Augenblick verschmolzen die Schattenkerne in Eins. Wann dieses Schauen auch zu klingen begonnen, wem zuerst Worte sich geformt, wußte er nie. Es waren Worte von jener scheuen, weil tiefsten Vertraulichkeit, die wie aus einem Abgrund der Zeiten herauf-, herübergetastet kommt in eine erste Begegnung voll seltener, unbegreiflicher Anziehung; lustvoll und furchteinflößend zugleich. Die Worte selbst? Das Geheimnis ihres Reizes? Daß einer vom andern alles vorauszusetzen schien; alles Wissen und alle Erkenntnis und daß es doch wie nichts war, kaum mit juwelenen Händen gestreift, um ganz draußen nur die Spitzen der Persönlichkeiten im Licht miteinander spielen zu lassen.

Jetzt wandte sie sich ganz, prüfte mit den Wimpern durch die Luft hin die Knabenglätte seiner großen Züge, das starke Kinn aus Stein. Verwundert, als wäre sie gewohnt, nur in durchackerten Gesichtern Saat von Geist aufgegangen zu sehen.

Die gelähmte Zeit stand wie ein ins Unerträgliche gespannter Bogen ausgestrahlt um ihn. So ganz nah, war sie von verwegener überwältigender Vollendung. Nicht nur ausgespart aus einer saloppen Umwelt. Der niegesehene Typus, jene neue Schlankheitsgrenze, hatte auch neue Gesetze der Anmut erfordert und erschaffen. Welch zähe Treue zum Ideal war hier bis in die letzten Lineamente offenbart. Hingerissen und fachlich zugleich, ingenieurhaft beinahe fühlte er dieser neuen Anmut, dieser Natürlichkeit höherer Ordnung nach. Ihre gepflegte Wahrheit kam aus einer solch adeligen Tiefe her, daß jede Bewegung sie ganz enthielt. Etwas von Tier und Seraph und gleitendem Erz.

»Alle Städte, durch die sie geht, müßte man vor ihr niederlegen,« dachte er. »Denn keine paßt noch zu ihr. Sie aber ist im Recht.«

War seine Musterung indiskret geworden? Sie schrak auf aus holdem und tiefem Vertrauen. Verherbte wieder. Schlüpfte in einen schwarzen Block Abwehr.

Indessen hatte sich ein loser Halbkranz von Gaffern gebildet. Eine düstre Kuh mit Plattfüßen mißbilligte beide Erscheinungen. Andre starrten des Fischer von Erlach Meisterbau auf den entflogenen Kanarienvogel hin an. Ungeratenheit, die sich dreist machte. Noch einmal grüßten ihn die einsamen Sternsaphire ganz flüchtig, und die hohe Silhouette, schwankend vor Schlankheit, entwich in eine Nebengasse. Er sah den kühnen Gang ihrer göttlichen Beine durch das Kleid hindurchspiegeln, dann sog der braune Rüssel eines Durchhauses sie ein.

Gleichen Abends reiste er ab. Wußte: hier führte kein Weg mehr näher heran zum »Elf von einem großen Stern«.

Ich habe mir mein Leben und die Welt
mit Büchern erklärt und bin dabei
nie enttäuscht worden.

Gerhard Köpf

Johann Andreas Schmeller

Eine Kuppelkirche dem literarischen Schatz

Was das *Gebäude* betrifft, so bildet dieses kein Ganzes für sich, sondern das Mittelstück (b) eines mit anderen Theilen der Hofburg in Verbindung stehenden

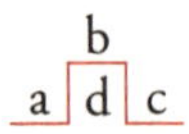

,

welches den nach der Reiterstatue Josephs II. (d) benannten Platz einschließen hilft. In a. sind die naturhistorischen Sammlungen, in c. Säle für Bälle u. drgl., ja im Erdgeschoß v. b. selbst Remisen für die Wagen des Hofes. An eine feuerscheue Isolierung der Biblioth. ist also bey Erbauung dieses Tractus nicht gedacht worden, ebensowenig an eine künftige Vermehrung des literarischen Schatzes. Der Baumeister [Fischer von Erlach] hat im J. 1726 blos die Aufgabe gehabt, einen dem *Hofe* bequemen, architectonisch-schönen Saal für die damalige Büchersammlung des *Hofes* herzustellen. Dazu hat er, nicht übel die Heiligkeit des Aufzunehmenden andeutend, die Form einer *Kirche* gewählt, und zwar einer stattlichen oben reich verzierten Kuppelkirche, mit Stein gepflastert, und mit ringsum laufender Emporlaube versehen, zu welcher vier architectonisch maskierte Treppen führen.

Die mit Bücherkästen tapezierte Wand vom Boden zur Gallerie, u. die von dieser zu den Einbiegungen, welche in die Decke übergehen, ist natürlich von solcher Höhe, daß sowohl unten als auf der Gallerie Leitern nöthig sind, welche sich auf Rollen bewegen.

Der Eindruck, den dieser Büchertempel auf den Eintretenden macht, ist allerdings imposant, u. wäre es noch mehr, wenn nicht jetzt schon das Nothwendige, Nützliche sein Vorrecht vor dem blos Schönen, Großartigen dadurch vindiciert hätte, daß man in der Mitte des stattlichen Raumes einzelne Kästen und Schränke aufzustellen genöthigt gewesen ist.

Lesen heißt borgen, daraus erfinden abtragen.

Georg Christoph Lichtenberg

Gerhard Roth

In den Bücher-Katakomben im Jahr 1991

Ein Atlas des unterirdischen Wien ähnelte den Abbildungen eines Menschen in einem anatomischen Lehrbuch, auf denen die Nervenbahnen, Venen, Arterien und Organe dargestellt sind. Der Kopf, mit dem Gedächtnis dieses von außen unsichtbaren Organismus, wäre die Nationalbibliothek. Sie reicht drei Stockwerke tief unter die Erde und erstreckt sich vom Albertinaplatz bis zum Heldenplatz.

Die mehr als 250 Jahre alte Nationalbibliothek ist so etwas wie ein Bücherbergwerk. In ihren Flözen liegen 2,6 Millionen Bände.

Mit Hilfe von Butten, einer Rohrpost und einer Art Materialseilbahn werden sie aus den Stollen an das Tageslicht gehoben. Um sich zurechtzufinden, haben die Bibliotheksbeamten im Laufe von Jahrzehnten eine eigene Topographie entwickelt. Die Bücher-Förderanlage hält an drei

Stationen: Heldenplatz, Josefsplatz und Burggarten, benannt nach den darüberliegenden Orten. Seltsamere Namen haben die Gebiete, die nur für die Bibliotheksbeamten und zu Fuß erreichbar sind: »Numismatik«, »Statistikkeller«, »Segmentgang«, »Musikkammer« oder »Friedrichsküche«. Das »Birnholzzimmer« ist nicht, wie angenommen, mit Möbeln aus Birnenholz ausgestattet, sondern nach einem jüdischen Beamten benannt, der von den Nazis verhaftet und ermordet wurde.

Die »Bergung« ist der tiefstgelegene Bereich der Nationalbibliothek, in der im Zweiten Weltkrieg wertvolle Objekte aufbewahrt wurden. Es gab außerdem den »Sarg«, in dem die nicht erfaßten Bücher lagen. Ganze Bibliotheken jüdischer Flüchtlinge oder die Produktion des Bermann-Fischer Verlages, die selbst im Laufe von Jahren nicht »aufgearbeitet« werden konnten, stapelten sich im »Sarg«. Übrigens war auch die Bibliothek von Schnitzlers Erben darunter. Noch heute findet man, obwohl der Großteil »nach Möglichkeit« zurückgegeben wurde, »verschwundene« Exemplare mit Widmungen an Arthur Schnitzler.

Auf die Frage an den Fachinspektor, einen glatzköpfigen, unruhigen Mann, wie man sich in diesem – um es mit Musil auszudrücken – »Tollhaus von Büchern« zurechtfinden könne, erhielt ich eine ausufernde Antwort, die in der Erklärung gipfelte: »Das Prinzip der Bücheraufstellung ist folgendermaßen: Rechts oben san immer

A-Formate und links unten D-Formate … ja? Und nachdem a Christbaum unten auseinandergeht, nennen mir des ›Christbaumaufstellung‹. So kriegen mir des in Griff! Wenn die Signatur auf dem Abgabezettel nicht stimmt, is des oft sehr sinnesverwirrt … dafür is dann wieder gut, wenn man Verfasser und Titel richtig dazuschreibt. Aber heutzutage geht olles nach der ›Numerus currens‹-Aufstellung, des hot mit'n Inhalt überhaupt nix zu tun.«

Insgesamt gibt es sechzig Laufkilometer Bücher in der Nationalbibliothek. Ein falsch eingereihtes wird von der Bibliothek vergessen und kann nur durch einen Zufall wiedergefunden werden. Tausend bis zweitausend sind auf diese Weise im Bibliotheksgehirn »verschwunden«. Ein neuer Beamter, gibt der Fachinspektor Auskunft, brauche ein dreiviertel Jahr, bis er sich halbwegs zurechtfinde. Die Bauarbeiter – es wird immer etwas renoviert – müßten anfangs »regelrecht geführt werden«, da sie allein die Orientierung verlören. Pro Jahr wächst die Bibliothek um 30 000 bis 40 000 Bücher und Zeitschriften.

»Die Bücher- und Zeitschriftenflut«, resignierte der Fachinspektor, »schwemmt uns fast weg. Es wird jetzt ein neuer Tiefspeicher gebaut. Aber für wie lang?« Schon heute würden von den dreißig Bibliotheksbeamten pro Tag 1500 Aushebungen durchgeführt, und die Entlehner müßten 24 Stunden auf ein Buch warten. Schwierigkeiten habe es durch die Dimension der Bibliothek »am laufenden Band« gegeben. In den Gängen sei es noch vor einigen Jahren so düster gewesen, daß man »die Augen« habe »in die Hände nehmen« müssen. Im Prunksaal oben, erläutert der Fachinspektor, habe man wiederum auf schwankenden Leitern die Bücher(nord)wände besteigen müssen, mit einem Karabiner gesichert und eine Helmlampe auf dem Kopf.

Wie alles in der Welt trägt auch die Nationalbibliothek den Keim der Zerstörung in sich. In den 15 Meter tiefen Stollen gibt es Temperaturen von 13 bis 14 Grad, weshalb sich, begünstigt durch die hohe Luftfeuchtigkeit, der Schimmelpilz in den Büchern bildet. Man hat daher, anstelle von Böden, Gitterroste angebracht, »damit sich ganz unten nicht die feuchte Luft staut«.

An manchen Stellen hört man das Dröhnen und Stampfen der Entlüftungsanlage, so daß man sich im Maschinenraum eines Schiffes wähnt. Von unten sieht man drei Stockwerke höher die Füße des Bibliotheksbeamten, der nach einem Buch sucht. Zwangsläufig fällt einem das Ende von Elias Canettis Roman »Die Blendung« ein: »FEUER FEUER FEUER«, fährt es dem »größten lebenden Sinologen Peter Kein« im Wahn durch den Kopf, als er seine 25 000 Bände umfassende Bibliothek anzündet, um schließlich so laut zu lachen, »wie er in seinem Leben nie gelacht hat«. Kommt die Rede auf die Brandgefahr, erklärt der Fachinspektor allerdings nur knapp, da sei er überfragt.

Feuer und Wahn wüteten bei Bücherverbrennungen schon im siebzehnten und achtzehnten Jahrhundert. Paradoxerweise waren die Zensoren und Oberzensoren gleichzeitig Beamte der Nationalbibliothek – da sie ja am besten Bescheid wußten. Es kursierte aber schon damals der Spruch, daß die Asche weiter trägt als der Gedanke. Die Angst vor einer buchstäblichen Erfüllung dieser weisen Prophezeiung hatte zur Folge, daß die Zensurkommission in ihrem Sitzungszimmer einen eigenen Ofen als Krematorium für Bücherverbrennungen bauen ließ.

In der Zeit des Nationalsozialismus ging die Liste »schädlicher und unerwünschter Literatur« in die Zehntausende. Die davon betroffenen Werke wurden außen mit dem Stempel »Gesperrt« versehen. Heute sind die Stempel durchgestrichen, aber noch als Kainszeichen dieser Ära auf den Deckeln vorhanden. Mit einem Kettenaufzug, der einem Förderkorb nicht unähnlich ist, fahren wir ratternd drei Stockwerke hinauf. Durch den Gitterrost sieht man jetzt von oben in die Bibliothek, wie in eine Katakombenanlage für Bücher.

Wie kann der Mensch noch Bücher kaufen,
seitdem die Illustrierte existiert?

Johann Nestroy

BESUCHER
ANNO DAZUMAL

Ex Libris

GERARDI L.B.VAN SWIETEN,

Ordinis S.Reg.Steph.Commend.

Aug.Domus Archiatror. Comitis

et Aug.Bibliothecae Praefecti.

In der zweiten Hälfte des 18. Jahrhunderts beginnen bürgerliche Reisende die geographische Mobilität für sich zu erobern und sehen es als Auftrag, von ihren Erlebnissen und Beobachtungen öffentlichen Bericht zu geben. Die genaue Kenntnis der Verhältnisse andernorts soll Beurteilungskriterien für die sozialen und politischen Verhältnisse vor Ort an die Hand geben. Die Ideen der Aufklärung verpflichten die Intellektuellen auf Empirie und Faktenwissen als Grundlage für kritisches Räsonnement, was einige der Reiseberichte mit statistischen Materialanhäufungen überfrachtet. Als viel gescholtenes Beispiel dafür gilt Friedrich Nicolais »Beschreibung einer Reise durch Deutschland und die Schweiz im Jahre 1781«, die ihn übrigens auch nach Wien führte, wo er ebenso uneingeschränkt von der Architektur des Prunksaals beeindruckt war wie er die Rückständigkeit in der Katalogisierung des Handschriftenbestandes kritisierte; Nicolai behauptete gar, nicht einmal die Bibliothekare verfügten über zuverlässige quantitative Angaben.

Auch Johann Kaspar Riesbeck (1754–1786) aus Höchst legte über seine Reise im Jahr 1776/77 durch Deutschland und Österreich einen dokumentarischen Bericht in Form fingierter Reisebriefe vor. Er ist dabei ein politisch äußerst wacher Beobachter, der auch Dinge in den Blick fasst, die von anderen kaum thematisiert werden, etwa die hygienischen Verhältnisse an Bord der sog. »Ulmer Schachtel«, mit der er von Passau Donau abwärts nach Wien reiste: »Unser Schiff war nach dem Riß der Arche Noahs gebaut, ohne Fenster, durchaus verdeckt, und Menschen, Waaren, Thiere und Ungeziefer ohne Unterschied durch einander eingepackt.« Dass in der Wiener Bibliothek der Zugang zu »verbotenen Büchern« nur eingeschränkt möglich sei, wie auch Friedrich Nicolai behauptet hatte, weist Riesbeck zurück, dass die Leseinteressen der Österreicher – zum Unterschied von denen der Ungarn – gering sind, bestätigt aber auch er.

Fast ein halbes Jahrhundert später hat die restaurative Stimmung der Metternich-Ära die Zustände an der Hofbibliothek und das intellektuelle Leben in Wien nicht verbessert. 1828 erschien in London Karl Postls kritischer Bericht »Austria as it is« unter dem Pseudonym Charles Sealsfield (1793–1864); auch er würdigt darin die prächtige Architektur der Bibliothek, doch ein Sinn für die »aufgehäuften Schätze« gehe den Wienern völlig ab.

Als Frances Trollope (1780–1863), die reiselustige Vikarstochter aus Stapleton bei Bristol, 1836 nach Wien kommt, hat sie sich von ihrer anfänglichen Nähe zum Gedankengut der Französischen Revolution schon lange und radikal entfernt und sucht auf ihren Reisen fortan aktiv Anschluss an die jeweiligen Spitzen der Gesellschaft. In Wien ist ihr das dank ihrer Bekanntschaft mit der Fürstin Metternich absolut gelungen. Auch ihr Besuch in der Wiener Hofbibliothek ist eine

Guided Tour durch einen Angehörigen der adeligen Gesellschaft, und so liest sich ihr Bericht ein wenig wie ein offizieller Fremdenverkehrsprospekt, wie sie damals noch nicht gedruckt wurden.

Nein, ich nehme keine Drogen,
ich nehme Bücher zu mir …

Ingeborg Bachmann

Johann Kaspar Riesbeck

Die Bibliothek ist ohne Vergleich

Der hiesige Hof hat verschiedene kostbare Sammlungen, die er alle das Publikum soviel als möglich geniessen läßt. Das kaiserliche Münzkabinet hat in Europa wenig seinesgleichen. Die Zahl der antiken Münzen beläuft sich auf 22 000 Stück. Jene der neuern Münzen ist ungleich grösser und kostbarer. […] Von den mechanischen, physischen und Naturalien-Sammlungen sage ich dir nichts, als daß sie wie alles, was der Hof hat, von jedermann ohne die geringste Beschwerde besichtigt werden können. Die Bibliothek ist ohne Vergleich die wichtigste und gemeinnützigste. Sie ist eine der zahlreichsten in der Welt, und besteht aus mehr als 300 000 Bänden, worunter ohngefähr 12 000 kostbare Handschriften sind. Das Gebäude, worinn sie aufbewahrt wird, ist eins der schönsten in der Stadt. Sie ist alle Tage, die Sonntage ausgenommen, von Morgen bis um 12 Uhr für jedermann offen. Die Liebhaber finden einen geräumigen Saal mit einem langen Tisch und gemächlichen Stülen, nebst Dinte und Papier, um die Bemerkungen aufschreiben zu können, die sie unter dem Lesen allenfalls machen. Ein Sekretär der Bibliothek weißt sie in den Katalogen zurecht, und einige Livreybedienten des Hofes bedienen sie mit dem, was sie fordern, auf den Wink. Im Winter ist der Saal geheitzt, und man hat ein besonderes Gestelle neben der Thüre angebracht, worauf jeder das Buch, welches er ganz durchlesen will, an einen bestimmten Ort jedesmal hinstellen, und des andern Tages finden kann. Wenn ein Liebhaber auch das ganze Jahr hindurch ununterbrochen die Bibliothek besucht, so wird doch keinem Bedienten einfallen, ein Trinkgeld von ihm zu erwarten. Kurz, dieß Institut spricht mehr als jedes andre von der edeln und gemeinnützigen Denkensart des Hofes. Ist man einmal mit einem der Bibliothekare bekannt, von denen immer einer in einem Nebenzimmer zugegen ist, so hält es auch nicht so schwer, die verbothenen Bücher zu bekommen, als einige Leuthe wollen glauben machen. Herr Pilati erzählt, man habe ihm gesagt, ohne einen Erlaubnißschein des Erzbischofs bekäme man kein gutes Buch. Man hat ihn irrig belehrt. Ich lese seit einiger Zeit die Geschichte des tridentinischen Konziliums von Bruder Paolo und habe Machiavells Werke schon durchgelesen, ohne den Herrn Erzbischof um Erlaubnis gefragt zu haben. […]

Die Lektüre des hiesigen Publikums überhaupt genommen, ist äusserst fade. Es ist lange nicht wie bey uns, wo man Montesquieus *Esprit des Loix*, Voltäres *Universal-*

geschichte, Rousseaus *Kontract social* und ähnliche Werke in Händen von Leuten findet, die gar keinen Anspruch auf Gelehrsamkeit machen. Hier sind viele Gelehrte, die diese und ähnliche Bücher nicht kennen und die es einigen vom hohen Adel und einigen Offiziers überlassen, sich mit denselben abzugeben. Bouffonerien machen hier ganz allein ihr Glück, und auch der bessere Theil des lesenden Publikums schränkt sich auf Schauspiel, Romanzen, Feenmärchen u. dgl. m. ein. Ich kenne ein ganzes Dutzend junger Gelehrten, wie man diese Kreaturen hier heißt, die ausser der Schule nichts als einige deutsche und französische Dichter gelesen haben. In dem Lesesaal der kaiserlichen Bibliothek macht' ich einigemal einen Tour um den Tisch herum, um den Geschmack der vielen Leser kennen zu lernen. Zwey bis drey von ohngefähr 24 lasen alte Schriftsteller; einer las Sullys *Memoires*, und alle übrigen hatten weder mit der Geschichte, noch mit Alten, noch mit sonst etwas zu thun, das einer wirklichen Wissenschaft ähnlich wäre. Dramaturgien, Gesänge, Romane, und solche Dinge bedeckten den ganzen Tisch. Einige wenige hatten kostbare Werke, aber, wie man deutlich sehen konnte, bloß um mit Besichtigung der Alterthümer von Herculanum Herculanum oder der florentinischen Sammlungen einige müßige Stunden zuzubringen. Ich sah verschiedene male einige Ungarn am Tische, die mit ihrer Lektüre alle Deutschen beschämten, die zugegen waren. Die liessen sich ihre seltensten vaterländischen Geschichtschreiber geben, und man sah in ihrer Miene, daß sie ihren Verstand mit der Lektüre nährten, und ihr Herz zugleich wärmten. Sollte nicht die Regierungsverfassung etwas beytragen, daß die Hungarn, wie ich ziemlich allgemein bemerkt habe, mehr Vaterlandsliebe haben, und folglich auch mehr auf die Geschichte ihres Vaterlandes achten, als die Oestreicher? Unter diesen hab ich noch keinen auffinden können, der an der Geschichte seines Vaterlandes einen besondern Geschmack fände.

bibliothek
die vielen buchstaben
die nicht aus ihren wörtern können …

Ernst Jandl

Charles Sealsfield

Nur ein toter Schatz?

Die Art und Weise, in der die österreichische Regierung jede Möglichkeit der Volksbildung unterbindet oder wenigstens einschränkt, spottet jeder Beschreibung. Keine Stadt der Welt zählt mehr Museen, Galerien, Sammlungen oder Bibliotheken als Wien, aber diese sind bloß tote Schätze. Ein Rundgang durch die Universität und ihre Bibliothek ist qualvoll. Die Bibliothek ist eine der reichsten Europas hinsichtlich medizinischer, juridischer, historischer und philosophischer Werke, aber Ketten sind um ihre besten Inhalte geschlungen. Das gleiche gilt für die Hofbibliothek mit ihrem herrlichen, großen Saal im Ausmaß von 240 mal 546 Fuß.

Es ist richtig, daß ein Fremder zu allen wissenschaftlichen Anstalten und Sammlungen, öffentlichen wie privaten, freien Zutritt genießt, ausgenommen die verbotenen Bücher, und es stimmt, daß die Wiener glücklich sind, wenn sie die Gelegenheit bekommen, ihre Reichtümer zeigen zu können. Als wir den von Herzog Albrecht von Sachsen-Teschen erbauten Palast des Erzherzogs besuchten, wurden wir auf unserem Rundgang durch das prachtvolle, aber etwas eigentümlich eingerichtete Haus durch Seine kaiserliche Hoheit aufgehalten, die sich in einem Nebenzimmer befand. Sobald der Erzherzog bemerkte, daß es sich um fremde Besucher handelte, zog er sich in einen anderen Raum zurück, und wir hatten nun reichlich Gelegenheit, die Elfenbein- und Ebenholzzimmer und die übrigen schönen Räume zu besichtigen.

Vergeblich aber würde man in Wien einen richtigen Sinn für die dort aufgehäuften Schätze, eine Liebe zu Kunst und Wissenschaft, oder Achtung vor hervorragenden Talenten suchen. Die Kunstschätze und Bibliotheken werden als Prunkstücke und nichts anderes behandelt. Selbst hervorragende Schriftsteller, wie Gentz und Schlegel, werden hier besoldet, – weniger um zu schreiben, als um nicht zu schreiben. Sie gelten sozusagen als geistige oder literarische Handelsleute. Im Belvedere, im Palast des Fürsten von Liechtenstein oder in der Galerie des Grafen Lamberg wird man vielleicht einen vereinzelten Besucher in einer Ecke antreffen, der gerade eine Kopie eines Christus oder einer Madonna anfertigt; und das ist auch schon alles.

So treibt in Wien alles auf eine derbe Genußsucht in allen Schichten des Volkes zu, auf stummen Gehorsam bei den Beamten – auf Verdrossenheit oder Verschwendungssucht unter der Aristokratie – und auf den vollendetsten Despotismus der Regierung. Diese hält mit den ehernen Klauen des Doppeladlers, des österreichischen Wappentiers, das ganze Reich in verderblicher und tödlicher Umklammerung.

… er sagt nur, wir haben jetzt zwei Bücherkasten: ich nenne das Fortschritt.

Wolfgang Georg Fischer

Frances Trollope

Die schönsten Stunden in Wien

Wien, den 23. November [1836]

Die kaiserliche Bibliothek und ihre reiche Sammlung von Handschriften, seltenen Ausgaben und dergleichen mehr ist zu bekannt, als daß Du von mir einen langen Bericht darüber verlangen könntest. Daher werde ich darüber nicht allzu belehrend berichten. Hingegen wäre es undankbar, nicht den glücklichen Zufall, daß wir vom Grafen G. durch die Säle begleitet wurden, zu erwähnen. Die Stunden, die wir mit der Besichtigung verbrachten, zählen zu den schönsten, die ich in Wien verlebte. Dieser Kavalier bekleidet ein Amt in der Bibliothek, dessen Bezeichnung ich jedoch nicht weiß, das aber umfassende Kenntnisse und fundiertes Wissen erfordert. Der Kaiser hat in ihm glücklicherweise einen dazu in jeder Beziehung geeigneten Mann gefunden.

Diese äußerst prächtige Sammlung besteht aus dreihunderttausend Bänden und wächst natürlich täglich, da alle neuen Werke, die im Ausland erscheinen, ständig angekauft werden. Ich warf meine Blicke auf die neuesten Nummern der *Quarterly* und der *Edinburg Review* und hatte Lust, mit ihnen durchzugehen, da ich, seit ich England verließ, nicht einmal ihre einladenden Einbände zu Gesicht bekam.

In alle die Fächer dieser Kabinette sind doppelt und dreifach die besten neueren Werke gereiht, und da sich diese ständig vermehren, ist schwer zu sagen, welchen Ausweg man zu ihrer Unterbringung demnächst ergreifen wird. Anderswo ließe sich diese Schwierigkeit leicht durch den Bau eines neuen Saales überwinden. Du mußt aber nach Wien kommen, um zu begreifen, wie es fast unmöglich ist, einen geeigneten Platz dafür zu finden. Wir in England, die wir, soweit wir uns rückerinnern können, zu sehen gewohnt sind, wie sich London ohne Hindernis nach allen Richtungen über Felder, Haine und Parks ausbreitet, wo keiner Planung für Steine und Mörtel Grenzen gesetzt sind, uns, sage ich, muß die Unmöglichkeit, einen Platz für einen einzigen Saal zu finden, um ihn zu bauen, befremdlich vorkommen: aber es ist so!

Die außerordentlich zahlreichen Handschriften befinden sich in zwei anderen Räumen. Wir hatten das Vergnügen, unter ihnen viele sehr interessante Dinge zu sehen. Es gab darunter ein botanisches Werk aus dem achten Jahrhundert mit bewunderungswürdig genauen Zeichnungen (dem Stande der damaligen Kunst entsprechend) und in überraschend wohlerhaltenen Farben. Verschiedene orientalische Handschriften sind von seltener Schönheit, und viele Meßbücher würden es lohnen, ihnen einen ganzen Tag zu widmen. Eines davon ist von besonderem, wenngleich nicht von so großem Interesse wie die herrlichen Miniaturen von der Hand eines Albrecht Dürer. Die Legende erzählt, daß eine bestimmte Schönheit, eine Gräfin St. Croix, welche diesen kostbaren kleinen Band in den kaiserlichen Händen Karls V. gesehen hatte, so großes Wohlgefallen daran fand, daß sie den ritterlichen Kaiser bat, ihn ihr zum Geschenk zu machen. Die Bitte wurde gewährt, und eines der Blätter ist daher mit der kaiserlichen Unterschrift geschmückt, welche jedoch besagt, daß das Buch dem *Grafen* St. Croix geschenkt sei. Dieses gnädige Memorandum ist in schönen großen Buchstaben, deren jeder wenigstens ein viertel Zoll hoch ist, mit »Karl« unterzeichnet.

Jedes Buch ist eine Hand, die nach unserer Hand greift …

Vilém Flusser

Wie vielen Menschen habe ich schon von dem grossen Lesesaal der Bibliothèque nationale in Paris vorgeschwärmt! Beim glücklichen Schildern merke ich, wie meine Zuhörer auf mich neidisch werden, weil ich diesen Saal kenne und sie nicht. Dann erzählen sie von Lesesälen, die mir unbekannt sind, und ich spüre, wie während ihrer Beschreibungen in mir das Gefühl eines Mangels entsteht. So vertreiben wir gegenseitig unsere Entbehrungen, bis wir in ein kennerisches Murmeln ausbrechen und Glück und Neid eins geworden sind.

Wilhelm Genazino

DIE HOFBIBLIOTHEK ALS FUNDGRUBE

Wenn die Wahrheit nicht in den Regalen des Britischen Museums gefunden werden kann, wo, fragte ich mich, indem ich nach einem Notizbuch und einem Bleistift griff, wo sonst ist die Wahrheit?

Virginia Woolf

DASS ES MIT DER KATALOGISIERUNG DER BESTÄNDE IN DER WIENER Hofbibliothek nicht zum besten stand, eröffnete für die Generation der Romantiker, die überall auf der Suche nach alten Handschriften waren, lohnende Perspektiven. Einer der seine Chancen weidlich zu nutzen verstand, war der Schriftsteller und Bibliothekar August Heinrich Hoffmann von Fallersleben (1798–1874). Er entfloh seiner unbefriedigenden Stellung in Breslau und dem Dauerkonflikt mit der »Willkür des Oberbibliothecars« immer wieder zu längeren Auslandsaufenthalten. Seine Reisen führten ihn in das Augustiner Chorherrn Stift St. Florian bei Linz, nach Melk und Göttweig, vor allem aber in die Wiener Hofbibliothek, wo er sich mit den dortigen Kollegen befreundete. Fallersleben war nicht nur auf der Jagd nach unedierten alten Schriften, er legte, mit Hilfe seines Wiener Kollegen Stephan Endlicher, auch ein Verzeichnis der altdeutschen Handschriften der Wiener Hofbibliothek an. Hoffmann von Fallerslebens Bericht über seine Begegnungen zeigt auch die Funktion der Wiener Hofbibliothek als Zentrum des intellektuellen Lebens der Zeit.

Auch Ludwig Uhland (1787–1862) versprach sich viel von einer Studienreise nach Wien. »Lange schon ist es mein Wunsch, Sie, geehrtester Herr, einmal unter den reichen Schätzen der Wiener Bibliothek heimsuchen zu können. [...]

Namentlich aber verspreche ich mir in Wien noch manches Förderliche für eine Arbeit im Fache des älteren deutschen Volksliedes. Ich gehe seit Jahren darauf aus, eine Sammlung alter, hoch- und niederdeutscher Volkslieder mit einer übersichtlichen Einleitung und mit Anmerkungen zur Geschichte der einzelnen Lieder, über die Anklänge derselben in der Volkspoesie verwandter Stämme u. dgl. m. zu Stande zu bringen«, schrieb er am 9. Mai 1827 aus Tübingen an Ferdinand Wolf, mit dessen »freundlicher Führung auf der kaiserlichen Bibliothek« er die diesbezüglichen Bestände einzusehen »begierig wäre«. Tatsächlich ist Uhlands Studienaufenthalt im Jahr 1838 seinen literarischen Zwecken dann »sehr günstig«, wie er in einem Brief an Emilie Uhland (1799–1881) schreibt, mit der er seit 1820 verheiratet ist und die – für die damalige Zeit absolut unüblich – nach seinem Tod Uhlands erste Biografin wird.

Dass Uhland mit Ferdinand Wolfs Hilfe fündig wurde, scheint keine Selbstverständlichkeit, wenn man Johann Andreas Schmellers fachkundigen Bericht zur Problematik der Aufstellung der Bücher in der Wiener Hofbibliothek liest. Der Bibliothekar aus München berichtet am 18. Oktober 1839 in einem achtseitigen Brief an seinen Vorgesetzten in München ausführlich von den praktischen Seiten der Bibliotheksorganisation wie Regalsysteme, Katalogsaal, Benutzungsbedingungen, Personalstand und Anschaffungspolitik. Den »Catalog der altdeutschen Handschriften« des »Dr. Heinr. Hoffmann v. Breslau« erwähnt Schneller bereits, gedruckt wird er allerdings erst zwei Jahre später, 1841, vorliegen.

Wenn er in einem Katalog blätterte, vor den Schaufenstern der Buchhandlungen stehenblieb, in den stillen, sacht verstaubten Räumen der Bibliothek saß, die dunkelgrünen Rücken unzähliger Bücher in den hohen und breiten Regalen ansah, die militärischen Reihen grüner Lampenschirme auf den langen Tischen, die tiefe Andacht, die alle lesenden Menschen in der Bibliothek frommen Betern in einer Kirche ähnlich machte, ergriff ihn die Angst, daß er das »Wichtigste« nicht wisse und daß ein Leben zu kurz sei, um es zu erfahren.

Joseph Roth

August Heinrich Hoffmann von Fallersleben

Gute Ausbeute in der Hofbibliothek

Die erste Reise 1826

Am 30. [Juni] Morgens 7 Uhr kamen wir in Wien an. Nachmittags begebe ich mich auf die Hofbibliothek. Kopitar empfängt mich sehr freundlich; wir gehen Arm in Arm auf und ab und reden über unsere Freuden und Leiden, wie sie nur Bibliotheckbeamte haben und nachfühlen können. Er zeigt sich heiter, offen, theilnehmend, ich fühle mich heimisch in der Fremde und von der Hoffnung beseelt, daß ich Wien nicht unbefriedigt verlassen werde. Er führt mich zu Graff, der eben noch auf der Bibliothek arbeitet. […] Den 2. Juli begann ich meine Arbeiten auf der Hofbibliothek und war von diesem Tage an bis zu meiner Abreise jeden Tag dort so lange die öffentlichen Stunden währten, Vormittags von 9–12, Nachmittags von 3–6 Uhr. Wenn die Bibliothek um 6 Uhr geschlossen war, machte ich mit Kopitar regelmäßig einen großen Spaziergang. Stunden lang unterhielten wir uns, der Stoff ging nie aus. […]

Unvergeßlich und wichtig für die Zukunft ward mir die Bekanntschaft mit Stephan Endlicher. Erst in letzter Zeit traten wir uns näher und wurden dann recht vertraut mit einander. Er war ein rüstiger, liebenswürdiger junger Mann von 23 Jahren, von einem glühenden Eifer beseelt für Kunst und Wissenschaft, und für beide wie für seine Freunde jedes Opfers fähig. Seine vielseitigen Kenntnisse kamen der Hofbibliothek, bei welcher er beschäftigt war, sehr zu Statten. So groß seine Neigung für Sprache und Geschichte war, so blieb doch die für Naturwissenschaften, namentlich Botanik, die überwiegende, wie er denn auch 1840 Professor der Botanik ward und zugleich Director des botanischen Gartens.

Der August ging zu Ende und mit ihm mein Urlaub. Die Vergleichung des Otfrid hatte ich vollendet, die Monseer Glossen abgeschrieben und manche althochdeutschen und mittelhochdeutschen Gebete, Predigten und Gedichte. Meine Ausbeute war größer als ich nach dem Zusammentreffen mit Graff erwartet hatte. Den 28. August verließ ich Wien.

Am Samstag, 24. Mai, war ich schon in Wien. Endlicher kam den Sonntag darauf, und am Montag gingen wir zusammen in die Hofbibliothek. Von diesem Augenblicke an war ich – den ersten Ausflug nach Klosterneuburg abgerechnet – täglich fünf Stunden beschäftigt in der Hofbibliothek bis zu ihren Ferien, die mit dem 1. August ihren Anfang nahmen.

Endlicher wohnte den Sommer über auf dem Lande. Er hatte mir seine Wohnung überlassen und die Benutzung seiner reichhaltigen Bibliothek. Auf die Weise war ich häuslich eingerichtet und konnte nach Lust und Belieben arbeiten. Des Morgens war auch er auf der Bibliothek beschäftigt, den Nachmittag blieb er gewöhnlich in seiner Wohnung und gegen Abend ging er wieder auf's Land. Bald eröffnete sich uns ein Feld gemeinsamer Thätigkeit. Endlicher hatte im vorigen Herbste etwa fünf Blätter Althochdeutsches aus dem achten Jahrhundert von den Deckeln einiger Monseer Handschriften der k. k. Hofbibliothek abgelöst. Ich erkannte in ihnen sogleich die älteste Übersetzung des Evangeliums Matthäi. Außer mir vor Freude darüber ermunterte ich ihn, sofort weiter zu suchen. Er suchte, war abermals glücklich und brachte nach wenigen Stunden wiederum einige Blätter hervor. Wir beschlossen sogleich die gemeinschaftliche Herausgabe, schrieben ab, brachten das Erloschene durch Reagentien zum Vorscheine und versuchten das Abgeschnittene und gänzlich Zerstörte zu ergänzen.

Nach einigen Wochen wanderte unsere kleine Schrift in die Druckerei. Unterdessen unternahm Endlicher eine abermalige Durchsuchung der etwa 1200 Monseer Handschriften, und nun fanden sich noch so viel Überreste, daß wir den Druck aufschieben und die Arbeit gewissermaßen von neuem anfangen mußten. Als wir keine Hoffnung hatten, noch etwas zu finden, begann der Satz auf's Neue. Die geistliche Censur erfolgte sofort und die Polizeibehörde war so gefällig, ihre Censur nach den Correcturbogen zu ertheilen. [...]

Unterdessen war ich eifrig beschäftigt in der Hofbibliothek mit meinem Verzeichnisse aller dortigen deutschen Handschriften bis zum 15. Jahrhundert. Die Arbeit hatte ihr Ergötzliches, mitunter aber auch ihr sehr Langweiliges: in vielen Handschriften waren die Blätter noch unbezeichnet und ich mußte nun manchen Tag viele tausend Zahlen schreiben. Um mich etwas zu erholen von diesen vielerlei täglich fortgesetzten Arbeiten ging ich auf einige Tage (12. bis 15. Juni) mit Haupt nach Klosterneuburg. Wir durchsuchten die ganze sehr bedeutende Handschriftensammlung. Wir fanden sehr Vieles, und nahmen Abschriften oder machten Auszüge. Die Erholung war eben nicht sonderlich: wir hatten vier Tage lang in unserem Zimmer oder in der Bibliothek mit Handschriften aller Art verkehrt.

So kam Ende Junis heran: mein Urlaub war abgelaufen, mein ursprünglicher Reiseplan zerstört, meine Thätigkeit vielfach in Anspruch genommen; Setzer, Drucker, Buchbinder, Schriftschneider, Zeichner, Lithographen gingen ein und aus, Censuren und Correcturen kamen vom Morgen bis in den Abend. Ehe jedoch der Juni zu Ende ging, hatte ich neuen Urlaub auf drei Monate. In der Mitte Julis waren die Sommerlatten fertig, war das ganze Alphabet unserer Bruchstücke und das ganze gothische zum Motto geschnitten und gegossen, das Facsimile gezeichnet und lithographiert, und zu Ende desselben Monats näherten sich auch unsere *Fragmenta theotisca* ihrem Ende.

Am 31. Juli ward die Hofbibliothek geschlossen. Ich hatte mein Verzeichniß der deutschen Handschriften vollendet, ein deutsches Gedicht des 12. Jahrhunderts *(Genesis* und *Exodus)* abgeschrieben so wie auch eine bisher ganz unbekannte Comödie aus dem 15. Jahrhundert und manches andere.

Zu unseren Fragmenten fehlte nun noch die Vorrede und das Wörterverzeichniß. In den ersten Tagen Augusts vollendeten wir beides und schickten die Manuscripte in die Druckerei. Endlicher ging dann nach Ungarn und ich nach Klosterneuburg. Ich blieb drei Tage dort, hielt eine kleine Nachlese und kehrte dann frischer und fröhlicher heim. Ich besorgte nun noch den Abdruck des *Index verborum* und am 19. August war unser Buch, dessen Druck

Ende Mais begann, vollendet. Es erschien unter dem Titel: ›*Fragmenta Theotisca versionis antiquissimae Evangelii S. Matthaei et aliquot homiliarum. E membranis Monseensibus Bibliothecae Palatinae Vindobonensis ediderunt Stephanus Endlicher et Hoffmann Fallerslebensis.*‹ (*Vindobonae. Typis Caroli Gerold. M.D.CCC.XXX.IV. gr. 4° XVI.* 88 Seiten).

Gedruckt wurden 107 Exemplare, darunter zwei auf Pergament, eins für den Kaiser von Österreich, das andere für den König von Preußen. Die meisten wurden verschenkt an einige mit uns befreundete Gelehrte, an mehrere österreichische Klöster und die preußischen Universitätsbibliotheken. Die sehr bedeutenden Kosten bestritt Endlicher, der nebenbei noch mit manchem ungarischen Ducaten den Setzer bei dem schwierigen Satze zu größerem Fleiße anzuspornen suchte.

Sehr befriedigt mit meinem langen Aufenthalte verließ ich Wien am 21. August Morgens 6 Uhr.

Die dritte Reise 1839

Am 7. März verließ ich Breslau. Vom 12. März bis 10. Mai blieb ich in Wien. Mein Hauptzweck war die Vollendung des schon 1834 begonnenen Verzeichnisses der altdeutschen Handschriften der Hofbibliothek. Niemand konnte mir dazu behülflicher sein als Endlicher und niemand war es auch wie er; nicht eifriger hätte er sich der Sache annehmen können, wenn es seine eigene gewesen wäre. Er sorgte dafür, daß mir alle Handschriften vorgelegt wurden, verschaffte mir die nöthigen Hülfsmittel und ermunterte mich zur Ausdauer, wenn ich mitunter die ganze Arbeit aufgeben wollte: sie war in der That durch die peinliche Genauigkeit, die immer beobachtet werden mußte, sehr angreifend und in Betreff der Ermittelung des Inhalts oft sehr trocken und unerquicklich.

Endlicher war der erste den ich besuchte. Er empfing mich sehr herzlich, er war noch ganz derselbe wie früher: theilnehmend, aufopfernd, gefällig, liebenswürdig. Wir sahen uns fast täglich. Ich war oft zu Tische eingeladen, Sonntag und Donnerstag regelmäßig. Besonders angenehm aber waren die vielen Abende, die ich im Endlicherschen Hause verlebte. […]

Endlicher hatte damals vielen Umgang mit J. P. Kaltenbaeck, und so kam ich mit diesem auch in nähere Berührung. Wir waren oft zusammen und unterhielten uns über österreichische Dichter, Sprache, Volkslieder, Sitten und Gebräuche. Kaltenbaeck hatte allerlei hübsche litterarische Pläne, schien mir aber nicht die gehörige Ausdauer zu haben, etwas gründlich und erschöpfend auszuarbeiten. Ich habe später nie erfahren, daß er etwas Bedeutendes geleistet hat. Er war übrigens sehr gefällig und wußte mir zu meinen Arbeiten manches Buch zu verschaffen, das ich sonst nirgend bekommen konnte.

Bei meinen anstrengenden Arbeiten und dem mitunter recht schlechten Wetter – den 3. April schneite es immer fort – war ich unwohl und endlich recht verdrießlich geworden. Endlicher suchte mich zu zerstreuen und zu erheitern. Als die schönen Tage kamen, fuhren wir öfter zusammen in die Umgegend und den Prater. Zuweilen gingen wir auch ins Theater. So sehr mich jene Fahrten in der freien, herrlich auflebenden Natur erquickten, so wenig vermochte es das eigentliche Wiener Schauspiel. An diesem Unsinn, dieser Gemeinheit in Worten und Darstellung bekam ich einen gründlichen Ekel. So sah ich im Theater an der Wieden Nestroy's verhängnißvolle Faschingsnacht, worin der Verfasser selbst den Holzhacker spielte, und noch heute ist mir die Erinnerung daran eine widerwärtige. [...]

Auf der Hofbibliothek lernte ich Lenau kennen. Ich besuchte ihn später in seiner Wohnung. Er war ernst und zurückhaltend und machte den Eindruck eines Menschen, der mit sich und der Welt zerfallen war. Wir sprachen über Magyarenthum, die Lüneburger Heide, America, Tyrol – so hätte ich mich mit manchem Anderen auch unterhalten können. Vier Wochen nachher kam er mit einigen Bekannten zu mir. Wir gingen in die Birne auf der Landstraße. Der schöne Saal war überfüllt von Gästen. Wir fanden mit Mühe ein Plätzchen, und speisten sehr gut zu Abend. Lanner trug vieles auf der Geige vor und ahmte meisterhaft die Olebullschen Kunststücke nach, so daß das Publicum alle Augenblicke in lauten, anhaltenden Jubel ausbrach. Mich ergötzte die Geschichte gar sehr und ich war recht lustig. Lenau nahm wenig Theil an unserer Unterhaltung noch an dem was Lanner bot, er rauchte aus seinem wohlgepflegten Meerschaumpfeifenkopf und sah sehr gleichgültig drein. Wir sahen uns nie wieder und wären uns auch später nicht näher gekommen: wir hatten keine wechselseitige Anziehungskraft.

Den 2. Mai feierten Endlicher und ich ein hochwichtiges Ereigniß mit Champagner und Gesang, nämlich die Vollendung meines Verzeichnisses der altdeutschen Handschriften der Hofbibliothek. Die nächsten Tage hatte ich nun noch genug zu thun mit dem fünffachen Register. Endlich war auch das vollendet und in wahrer Herzenslust schrieb ich darunter: *Explicit hoc Maio, gracias Deo quinquies aio.*

Ich ordnete meine Papiere, nahm Abschied und am 10. Mai setzte ich meine Reise fort. Endlicher und Kaltenbaeck begleiteten mich bis Heiligenkreuz. Dort nahmen wir Abschied. Weder Endlicher noch Kaltenbaeck sah ich je wieder.

Nimm ein Buch, mach es auf:
Du kommst auf was drauf.

Wolf Harranth

Ludwig Uhland

Für literarische Zwecke sehr günstig

Wien, 18. Juli 1838.

Dein Brief, Liebste! hat mich sehr erfreut; er bringt mir gute Nachrichten und er kommt von dir. Ich las ihn gleich am Stephansthurme, in dessen Nähe die Post ist. Mein hiesiger Aufenthalt läßt sich für meine literarischen Zwecke günstig an; ich finde Manches, was mir bisher nicht zugänglich war, und von Seiten der Besitzer oder Bewahrer freundliches Entgegenkommen. Die öffentliche Bibliothek hat unter den Musikalien viele ältere Liederbücher mit deutschen Texten, die ich nacheinander durchgehe und deren Ertrag ich noch nicht bemessen kann. Ein hiesiger Antiquar, Namens Kuppitsch, ist zugleich Liebhaber und Sammler seltener Drucke des 16ten Jahrhunderts und hat davon einen ungemein reichen Vorrath zusammengebracht, worunter denn auch Vieles an Liedern in Sammlungen und fliegenden Blättern sich befindet. Er hat mir bereits Mehreres mit nach Hause gegeben. Ein Privatgelehrter, Kaltenbäck, hat mir gleichfalls sein Besitzthum in diesem Fache zum Gebrauche angeboten. Das finde ich allerdings, daß ich in Folge meiner vielfachen Nachforschungen auf diesem Gebiete häufig auch alten Bekannten begegne. Auf der Bibliothek bringe ich gewöhnlich den Vormittag von 9 bis 2 Uhr zu. Wolf ist mir nicht nur hier gefällig, sondern bringt mir auch aus seiner eigenen Bibliothek viel Interessantes von altfranzösischer und altenglischer Poesie zu. Die Sammlung von Alterthümern, die einst auf dem Schlosse Ambras bei Innsbruck aufgestellt war und deren Custos Bergmann mir schon durch Briefwechsel befreundet war, habe ich unter seiner Leitung gesehen. Einige auswärtige Arbeiter im Felde altdeutscher Literatur, Mone von Karlsruhe und Hahn von Heidelberg, habe ich gleichfalls kennen gelernt. Dabei geht denn auch der gesellige Verkehr nicht leer aus. Am Samstag machte ich mit Endlicher, dem Custos des Naturalienkabinets, einem überaus freundlichen Manne, und dessen Familie, sowie mit dem vorgenannten Herrn Kaltenbäck, nachdem wir in Endlichers Hause auf dem Lande zu Mittag gegessen, einen Spatziergang auf den Leopoldsberg und den Kahlenberg, Aussichtspunkte, von denen man die Stadt Wien und den Lauf der Donau weithin überschaut, dann das Marchfeld mit den kleinen Karpathen im Hintergrunde; nach der andern Seite zeigen sich die steirischen Gebirge. Ein trauriger Anblick aber war das Dörfchen Kahlenberg, das an eben diesem Tage zum größten Theil abbrannte. Auf heute Abend bin ich mit Mone zu Wolf eingeladen und auf Samstag habe ich gar eine Einladung zum Erzherzog Karl nach seinem Schlosse Weilburg bei Baden erhalten. Ich weiß nicht, ob ich diese Gunst Bergmann verdanke, der die Söhne des Erzherzogs unterrichtet. Uebrigens versichert Bergmann, daß dort ein einfacher Ton herrsche, auch werden wir damit einen Ausflug nach Heiligkreuzthal und Baden über den Sonntag in Verbindung setzen. Im Ganzen bringe ich übrigens gerade die Abende meistens einsam zu; die Theater sind bis zum Anfang Augusts, eines ausgenommen, sämmtlich geschlossen und die meisten Angestellten fahren Abends oft ziemlich weit hinaus auf benachbarte Dörfer, wo sie mit ihren Familien den Sommer über wohnen. Ich helfe mir dann mit Spaziergängen im Prater und andern öffentlichen Gärten. Doch erlaubt die große Hitze nicht frühe auszugehen. Ich finde den Aufenthalt hier nicht wohlfeil, man ißt an keiner Wirthstafel, sondern, zu jeder beliebigen Zeit, nach der Karte, was sich mir auch hier, meines geringen Appetits unerachtet, nicht als Ersparniß darstellt. Mit dem 1. August hat die Bibliothek Ferien. Einige Tage dürften dann hinreichen, um noch einige wieder eröffnete Theater zu besuchen und meine sonstigen Arbeiten abzuschließen. In München möchte ich auf dem Rückweg ein Paar Tage verweilen, da ich dort noch Einiges einzusehen habe.

Diese Zeilen treffen dich ohne Zweifel in Tübingen. Mögen sie dich mit den Kindern, die ich grüße, gesund treffen, in heitrer Stimmung und freundlich gedenkend

Deines L.

Ich habe für die »Tollhäuser der Bücher« immer viel übrig gehabt, diese großartigen Speicher, wo alles vom Menschen Gedachte und zu Papier Gebrachte spätere Entdeckung erwartet.

Ernst Krenek

Johann Andreas Schmeller

Lob und Tadel anno 1839

Ein wichtigerer Punkt ist die Art der *Aufstellung der Bücher*. Diese waren ursprünglich methodisch, nach den verschiedenen Facultäten, geordnet, so daß z. B. die Kästen I bis X lauter Theologica, die Kästen XI bis … lauter Juridica u.s.w. enthielten. Seit einer ziemlichen Reihe v. Jahren aber ist man, hauptsächlich aus Mangel an Raum, bemüßigt gewesen, die neuen Zugänge nicht gerade da, wohin sie vermöge ihres Inhalts gehörten, sondern da, wo sie eben ihrem Format nach Platz finden und eingeschoben werden konnten, unterzubringen.

Dadurch ist die Auffindbarkeit eines Buches schlechterdings von der sein Local (Nummer des Kastens, des Fachs im Kasten, u. der Nummer im Fach) angebenden Signatur abhängig geworden, so daß z. B. eine Anzahl Bücher, die vor einigen Jahren aus etlichen Kästen, die man leeren wollte, ohne in der Eile im Catalog ihre neue Signatur vorzumerken, in anderen Kästen untergebracht worden sind, nicht mehr anders als durch Zufall gefunden werden können.

Ein weiteres Übel entspringt aus dem Mangel an Raum für die Bücher selbst. Obschon alle Winklchen, die ursprünglich aus blos architectonischen Rücksichten entstanden sind, besonders auf der Gallerie, mit Büchern angefüllt sind, stehen diese dennoch in den meisten, auch den untern Kästen in zwey, drey, ja mehreren Reihen hinter einander. Den hintern ist der Zutritt der Luft abgeschnitten, u. bedeutende, kostbare Werke sind von Moder angegriffen. Es ist daher kein Wunder, wenn der Capo des Instituts, Graf Dietrichstein erklärt hat, er werde nun gar keine neuen Bücher mehr anschaffen, selbst die Pflichtexemplare des inländischen Buchhandels nicht weiter annehmen, wenn nicht, etwa durch Einräumung auch des Flügels a., mehr Platz verschafft werde. [...]

Lobenswerth ist ein alle gedruckten Bücher umfassender alphabetischer Catalog, dessen 50–60 kernhaft in Schweinleder gebundenen Foliobände einen kleinen Raum einnehmend im Lesezimmer zum ausschließlichen Gebrauch der Biblioth.beamten recht bequem aufgestellt sind. Von jedem Bande enthält die vordere Hälfte in streng alphabetischer Ordnung die bis zu einem gewissen Jahre (ich glaube 1834) vorhandenen Bücher, z. B. A–F., die andere ist zum Nachtragen des seitherigen Zugangs, dessen Schlagwörter in A–F fallen, bestimmt, so daß die blanken Seiten in die Sylben Aa, Ab etc. provisorisch vertheilt sind, wodurch sich eine nah an die alphabetisch grenzende Ordnung auch für diesen Nachtrag ergibt, und das Suchen irgend eines Buches in mehr als einem Catalogband, vermieden wird. [...]

Aus der Biblioth. in die Stadt geliehen werden Bücher an niemand, als an gewisse kaiserliche Behörden u. an wenige desfalls besonders priviligierte Privatpersonen. Alle andern haben sich in den Frühstunden 9–2 an dem etwa 36 Personen Raum gewährenden Tisch in Mitte des Lesesaales zu behelfen, in welchem Saale mit 3 Fenstern auch die Biblioth.beamten u. Gehülfen (8–10) an den Wänden ihre Arbeitsplätze haben. Nur v. Mosel u. Kopitar (jener als erster, dieser als zweiter Custos) haben eigene Zimmer nebenan. Ein besonderer Tisch ist für Solche, die sich mit MSS. beschäftigen, an einem der zwey südlichen Fenster reserviert; er gestattet höchstens 4 Sitzenden Raum.

Die Auswahl der neuen Anschaffungen, wozu jährlich 19 000 fl.C.M. angewiesen sind, geschieht aus den von den hiesigen Buchhandlungen materialiter vorgelegten Exemplaren, hauptsächlich durch Kopitar. Desiderata von Seiten der verschiedenen Beamten, deren jeder irgend ein Fach besonders begünstigt, werden förmlich bestellt. Indessen sind nicht alle Fächer auf solche Weise gleich protigiret, u. manches macht sich ungebührlich breit, z. B. Musik. Ein Desideratenbuch für die literaten Besucher überhaupt, besteht nicht.

Die Zahl der Bände soll gegen 300 000 betragen, darunter 12 000 Incunabeln u. 16 000 MSS. Die Incunabeln sind in einem der besonderen Zimmer, die sich an den Ecken des eigentlichen Büchertempels, wie Sacristeyen angebracht finden, aufgestellt. Sie sind im großen Catalog nicht mit verzeichnet; unter ihnen auch das uns fehlende Psalterium v. 1457. Unter den sonstigen gedruckten Büchern sollen sich indessen auch viele Duppla u. Tripla aufgestellt finden. Die Sammlung von Kupferstichen u. Handzeichnungen bildet hier noch einen Theil der Bibliothek.

Auch die Handschriften finden sich in dreyen der Nebenzimmer in hohen eine Rollleiter bedürftigen Kästen aufgestellt. Die Fachbretter sind hier so wenig als im Hauptsaale beweglich. Man hält dieß für einen Vortheil, indem das Ganze mehr Stätigkeit u. Festigkeit habe. Alle Kästen sind von hartem Holze in seiner Naturfarbe. Die senkrechten Kastenbretter haben vorne keine beiderseits ausgreifenden Leisten, als welche das Einstellen und Ausnehmen der ihnen nächsten Bände beschwerlich u. diesen schadenbringend machen sollen. […]

Durch ein eigenes Geschick ist die vor 176 Jahren begonnene Verzeichnung u. Beschreitung dieses MSS-Schatzes noch immer nicht zu Ende gebracht. Man hat mehrere in fol. gedruckte Bände, die von *Lambeck*, *Nessel* und *Kollar* über den größten Theil der griechischen u. einen Theil der orientalischen, dann von *Denis* über die lateinischen theologischen Manuscripte verfaßten

Cataloge. Dazu kommen handschriftliche von *Gentilotti*, *Forlosia*, *Schwandner* herrührende Cataloge über andere MSS-Fächer, besonders einer des verstorbenen Custos *v. Leon* über die Handschriften der Kirchen- u. Profangeschichte u. der Philologie, einer des *v. Eichenfeld* über medicinische MSS. Neuerlichst hat der seitdem nicht mehr der Biblioth. angehörige D. Endlicher ein eignes Verzeichniß der Codd. philologici drucken, u. durch Dr. Heinr. Hoffmann v. Breslau proprio marte einen Catalog der altdeutschen Handschriften anfertigen lassen, der wohl nächstens ebenfalls gedruckt werden wird.

Nachdem so viele Catalogisatoren Hand angelegt, einer dieses, der andere jenes Fach vorgenommen, jeder mehr oder weniger sein eigenes System befolgt, seine eigenen Signaturen gebraucht hat, ist demohngeachtet noch kein Fach ganz und gar, und sind nicht *alle* Fächer verzeichnet. Es bedarf bey der neuesten Aufstellung der gesammten Codd. in fortlaufenden Nummern jederzeit einer umständlichen Untersuchung, ob u. in welchem der vorhandenen Cataloge u. unter welcher Signatur ein fraglicher Codex beschrieben sey. Man fühlt wohl allgemein diese u. andere Übelstände, – aber sie hangen an Persönlichkeiten. In diese einzugehen finde ich mich, als freundlich aufgenommener Gast, nichts weniger als berufen.

Die Dissertation, mit der ich in Wien im Jahre 1950 promovierte, hat den monströsen Titel: »Die kritische Aufnahme der Existenzialphilosophie Martin Heideggers«. Die Doktoranden damals haben Glück gehabt; ihre Dissertationen konnten nicht veröffentlicht werden [...] Es ist gut, daß die Wiener Nationalbibliothek mit dem einzigen deponierten Exemplar beim Verleihen geizt wie ein Gruftwächter mit der Kaiserkrone.

Ingeborg Bachmann

DAS PROBLEM MIT DER ORDNUNG

In Bücher gehen wir hinein
wie in Gasthäuser
hungrig durstig
ausgehungert

Thomas Bernhard

DIE MACHT DER WISSENSBIBLIOTHEK, SO HANS BLUMENBERG, »beruht allein auf ihrer Existenz – auf der endlosen Wucherung des bedruckten Papiers«. Das Image ihrer Verwalter ist von jeher ein zwiespältiges, zusammengesetzt aus Ehrfurcht, Scheu, Bewunderung und Verachtung. Klaus Döhmer hat 1982 in seiner Untersuchung »Merkwürdige Leute« die bis heute umfangreichste Sammlung literarischer Fundstellen zum Thema Bibliothekspersonal zusammengetragen. Muffigkeit, Ärmelschoner, gelbe Haut, spitze Nasen und beim weiblichen Personal eine besonders strenge Haartracht (Dutt) sind beliebte Klischees zur Visualisierung der »papiernen« Existenz der Diener am Buch. Doch es funktioniert auch andersherum: Die Ignoranz gegenüber dem Bibliothekar und seiner mit ökonomischen Kriterien nicht messbaren Tätigkeit kann auch zur Entlarvung philiströser Dummheit dienen. »Mein Bibliothekar ... beschäftigt sich Tag und Nacht damit, alles das, was Sie da sehen, zu entziffern. Er ist ein Mensch, der zu nichts nütze ist und uns sehr zur Last fällt, weil er nicht für das Kloster arbeitet«, lässt Montesquieu in seinen »Persischen Briefen« (1721) den Abt sagen und stellt damit dessen intellektuelle Ignoranz ins Schaufenster.

Wenn Robert Musil (1880–1942) in seinem Roman »Der Mann ohne Eigenschaften« General Stumm von Bordwehr im strategisch platzierten Kapitel einhundert in eines dieser »Fieberparadiese« der Buchwelt (Gottfried Benn) schickt, nämlich in den Katalogsaal der Wiener Nationalbibliothek, ist er vom Klischee der Verstaubtheit so weit entfernt wie von dem der Ignoranz. Hier geht es um die Frage, wie eine Gesellschaft mit der »Macht der Wissensbibliothek« umgeht. Des Generals Erwartungshaltung ist enorm, auch an den Verwalter der Bücher: Wer tagtäglich mit Millionen von Büchern und dem in ihnen gespeicherten Wissen auf vertrautem Fuß verkehrt, der muss eine Antwort auf jede beliebige Frage kennen. Doch die Effizienz der Verwalter des Buchwissens lebt eben davon, dass sie sich auf das Ordnen und Wiederfinden konzentrieren, nicht aber auf das Lesen, für sie existieren die Bücher primär in der Abstraktion ihrer Titel bzw. der Code-Systeme. Robert Musil, von 1911 bis 1914 selbst Bibliothekar der Technischen Hochschule in Wien, war sich dieser Tatsache durchaus bewusst.

»Unsere Bibliotheken sind sozusagen Strafanstalten, in welche wir unsere Geistesgrößen eingesperrt haben«, lässt Thomas Bernhard seinen »Untergeher« (1983) sagen. Dennoch, jede »Bibliothek ist ein fiktives Bauwerk aus Buchstaben und Ideen, Wörtern und Sätzen, ein mikrokosmisches Modell des menschlichen Geistes – egal wie groß oder klein sie ist« (Gerhard Roth). Und niemand vermag zu sagen, was in den »Tollhäusern« der Bücher und ihren Speicheruntiefen noch der Entdeckung harrt. Wenn Schriftsteller – wie hier Gina Kaus (1893–1985) oder Anton Kuh (1890–1941) sich über lässliche Fälle von Unauffindbarkeit lustig machen, geschieht das immer vor der Folie des prinzipiellen Vertrauens auf die Auffindbarkeit des einzelnen Buch-Individuums im Labyrinth der Speichersysteme.

Die Kategorie des aufgeschlagenen Buchs; bestehend aus Steinmauern, die einen bestimmten Winkel bildeten, und Glasblättern aus Zimmer-Gewebe, die fächerartig zwischen den Wänden angeordnet waren. Das Bücher-Haus.

Velimir Chlebnikov

Robert Musil

General Stumm dringt in die Staatsbibliothek ein und sammelt Erfahrungen über Bibliothekare, Bibliotheksdiener und geistige Ordnung

General Stumm hatte den Mißerfolg seines »Kameraden« beobachtet und machte Miene, ihn zu trösten. »Was ist das für ein zweckloses Durcheinanderreden!« tadelte er die Konzilleute entrüstet, und nach einer Weile, obzwar er keine Aufmunterung fand, begann er, sich aufgeregt und doch mit einem gewissen Behagen zu eröffnen. »Du erinnerst dich«, sagte er, »daß ich mir in den Kopf gesetzt habe, den erlösenden Gedanken, den Diotima sucht, ihr zu Füßen zu legen. Es gibt, wie sich zeigt, sehr viele bedeutende Gedanken, aber einer muß schließlich der bedeutendste sein; das ist doch nur logisch? Es handelt sich also bloß darum, Ordnung in sie zu bringen. Du hast selbst gesagt, daß das ein Entschluß ist, der eines

Napoleon würdig wäre. Erinnerst du dich? Dann hast du mir noch eine Reihe ausgezeichneter Ratschläge gegeben, wie es von dir nicht anders zu erwarten war, aber es ist nicht dazu gekommen, daß ich sie benütze. Also, um es kurz zu sagen, ich habe die Sache selbst in die Hand genommen!«

Er trug eine Hornbrille, die er jetzt statt des Kneifers aus der Tasche zog und auf die Nase setzte, wenn er eine Person oder eine Sache scharf ins Auge fassen wollte.

Eine der wichtigsten Bedingungen der Feldherrnkunst ist es, sich über die Stärke des Gegners Klarheit zu verschaffen. »Ich habe mir also« erzählte der General »einen Eintrittsschein in unsere weltberühmte Hofbibliothek besorgen lassen und bin unter Führung eines Bibliothekars, der sich mir liebenswürdig zur Verfügung stellte, als ich ihm sagte, wer ich bin, in die feindlichen Linien eingedrungen. Wir sind den kolossalen Bücherschatz abgeschritten, und ich kann sagen, es hat mich weiter nicht erschüttert, diese Bücherreihen sind nicht schlimmer als eine Garnisonparade. Nur habe ich nach einer Weile anfangen müssen, im Kopf zu rechnen, und das hatte ein unerwartetes Ergebnis. Siehst du, ich hatte mir vorher gedacht, wenn ich jeden Tag da ein Buch lese, so müßte das zwar sehr anstrengend sein, aber irgendwann müßte ich damit zu Ende kommen und dürfte dann eine gewisse Position im Geistesleben beanspruchen, selbst wenn ich ein oder das andere auslasse. Aber was glaubst du, antwortet mir der Bibliothekar, wie unser Spaziergang kein Ende nimmt und ich ihn frage, wieviel Bände denn eigentlich diese verrückte Bibliothek enthält? Dreieinhalb Millionen Bände, antwortet er!! Wir sind da, wie er das sagte, ungefähr beim siebenhunderttausendsten Buch gewesen, aber ich habe von dem Augenblick an ununterbrochen gerechnet; – ich will es dir ersparen, ich habe es im Ministerium noch einmal mit Bleistift und Papier nachgerechnet: Zehntausend Jahre würde ich auf diese Weise gebraucht haben, um mich mit meinem Vorsatz durchzusetzen!

In diesem Augenblick sind mir die Beine auf der Stelle stecken geblieben, und die Welt ist mir wie ein einziger Schwindel vorgekommen. Ich versichere dir noch jetzt, wo ich mich beruhigt habe: da stimmt etwas ganz grundlegend nicht!

Du kannst sagen, man braucht nicht alle Bücher zu lesen. Ich werde dir darauf erwidern: Man braucht auch im Krieg nicht jeden einzelnen Soldaten zu töten, und doch ist jeder notwendig! Du wirst mir sagen: Auch jedes Buch ist notwendig. Aber siehst du, da stimmt schon etwas nicht, denn das ist nicht wahr; ich habe den Bibliothekar gefragt!

Lieber Freund, ich habe mir einfach gedacht, dieser Mensch lebt doch zwischen diesen Millionen Büchern, kennt jedes, weiß von jedem, wo es steht: der müßte mir also helfen können. Natürlich habe ich ihn nicht ohne weiteres fragen wollen: wie finde ich den schönsten Gedanken von der Welt? Das würde ja geradezu wie der Anfang von einem Märchen klingen, und so schlau bin ich schon, daß ich das merke, und überdies habe ich Märchenerzählen schon als Kind nicht leiden können; aber was willst du tun, irgend etwas Ähnliches mußte ich ihn schließlich fragen! Andererseits hat mir mein Gefühl für das Schickliche auch verboten, ihm die Wahrheit zu sagen, etwa meinem Anliegen Auskünfte über unsere Aktion vorauszuschicken und den Mann zu bitten, mich auf die Spur des würdigsten Ziels für sie zu setzen; dazu habe ich mich nicht ermächtigt gesehn. Also, ich hab schließlich eine kleine List angewendet. ›Ach‹ – habe ich ganz harmlos zu sagen angefangen – ›ach, ich habe mich zu unterrichten vergessen, wie sie es eigentlich beginnen, in diesem unendlichen Bücherschatz immer das richtige Buch zu finden?!‹ – weißt du, genau so habe ich das gesagt, wie ich mir dachte, daß Diotima es sagen würde, und für ein paar Kreuzer Bewunderung für ihn habe ich auch in den Ton gelegt, damit er mir auf den Leim geht.

Und richtig fragt er mich sehr gehonigelt und diensteifrig, was der Herr General denn zu wissen wünschen. Nun, das hat mich ein wenig in Verlegenheit gebracht. – ›Oh, sehr vieles‹ – sage ich gedehnt.

›Ich meine, mit welcher Frage oder welchem Autor beschäftigen Sie sich? Kriegsgeschichtliches?‹ sagte er.

›Nein, gewiß nicht; eher Friedensgeschichtliches.‹

›Historisch? Oder aktuelle pazifistische Literatur?‹

Nein, sage ich, das ließe sich durchaus nicht so einfach sagen. Zum Beispiel eine Zusammenstellung aller großen Menschheitsgedanken, ob es das gibt, frag ich ihn listig; du erinnerst dich ja, was ich auf dem Gebiet schon hab arbeiten lassen.

Er schweigt. ›Oder ein Buch über die Verwirklichung des Wichtigsten?‹ sag ich.

›Also eine theologische Ethik?‹ meint er.

›Es kann auch eine theologische Ethik sein, aber es muß darin auch etwas über die alte österreichische Kultur und über Grillparzer vorkommen‹ verlange ich. Weißt du, es muß offenbar in meinen Augen ein solcher Wissensdurst gebrannt haben, daß der Kerl plötzlich Angst bekommen hat, er könnte bis auf den Grund ausgetrunken werden; ich sage noch etwas von etwas wie von Eisenbahnfahrplänen, die es gestatten müssen, zwischen den Gedanken jede beliebige Verbindung und jeden Anschluß herzustellen, da wird er geradezu unheimlich höflich und bietet mir an, mich ins Katalogzimmer zu führen und dort allein zu lassen, obgleich das eigentlich verboten ist, weil es nur von den Bibliothekaren benützt werden darf. Da war ich dann also wirklich im Allerheiligsten der Bibliothek. Ich kann dir sagen, ich habe die Empfindung gehabt, in das Innere eines Schädels eingetreten zu sein; rings herum nichts wie diese Regale mit ihren Bücherzellen, und überall Leitern zum Herumsteigen, und auf den Gestellen und den Tischen nichts wie Kataloge und

Bibliographien, so der ganze Succus des Wissens, und nirgends ein vernünftiges Buch zum Lesen, sondern nur Bücher über Bücher: es hat ordentlich nach Gehirnphosphor gerochen, und ich bilde mir nichts ein, wenn ich sage, daß ich den Eindruck hatte, etwas erreicht zu haben! Aber natürlich war mir, wie der Mann mich allein lassen will, auch ganz sonderbar zumute, ich möchte sagen, unheimlich; andächtig und unheimlich. Er fährt wie ein Affe eine Leiter hinauf und auf einen Band los, förmlich von unten gezielt, gerade auf diesen einen, holt ihn mir herunter, sagt: ›Herr General, hier habe ich für Sie eine Bibliographie der Bibliographien‹ – du weißt, was das ist? – also das alphabetische Verzeichnis der alphabetischen Verzeichnisse der Titel jener Bücher und Arbeiten, die sich in den letzten fünf Jahren mit den Fortschritten der ethischen Fragen, ausschließlich der Moraltheologie und der schönen Literatur, beschäftigt haben – oder so ähnlich erklärt er es mir und will verschwinden. Aber ich packe ihn noch rechtzeitig an seinem Jackett und halte mich an ihm fest. ›Herr Bibliothekar,‹ rufe ich aus ›Sie dürfen mich nicht verlassen, ohne mir das Geheimnis verraten zu haben, wie Sie sich in diesem‹ – also ich habe unvorsichtigerweise Tollhaus gesagt, denn so war mir plötzlich zumute geworden – ›wie Sie sich‹, sage ich also, ›in diesem Tollhaus von Büchern selbst zurechtfinden.‹ Er muß mich mißverstanden haben; nachträglich ist mir eingefallen, daß man behauptet, Wahnsinnige sollen mit

Vorliebe anderen Menschen vorwerfen, daß sie wahnsinnig seien; jedenfalls hat er immerzu auf meinen Säbel geschaut und war nicht zu halten. Und dann hat er mir einen ordentlichen Schrecken eingejagt. Wie ich ihn nicht gleich loslasse, richtet er sich plötzlich auf, er ist förmlich aus seinen schwankenden Hosen herausgewachsen, und sagt mit einer Stimme, die jedes Wort bedeutungsvoll gedehnt hat, als ob er jetzt das Geheimnis dieser Wände aussprechen müßte: ›Herr General,‹ sagt er, ›Sie wollen wissen, wieso ich jedes Buch kenne? Das kann ich Ihnen nun allerdings sagen: Weil ich keines lese!‹

Weißt du, das war mir nun beinahe wirklich zu viel! Aber er hat es mir, wie er meine Bestürzung gesehen hat, auseinandergesetzt. Es ist das Geheimnis aller guten Bibliothekare, daß sie von der ihnen anvertrauten Literatur niemals mehr als die Büchertitel und das Inhaltsverzeichnis lesen. ›Wer sich auf den Inhalt einläßt, ist als Bibliothekar verloren!‹ hat er mich belehrt. ›Er wird niemals einen Überblick gewinnen!‹

Ich frage ihn atemlos: ›Sie lesen also niemals eines von den Büchern?‹

›Nie; mit Ausnahme der Kataloge.‹

›Aber Sie sind doch Doktor?‹

›Gewiß. Sogar Universitätsdozent; Privatdozent für Bibliothekswesen. Die Bibliothekswissenschaft ist eine Wissenschaft auch allein und für sich,‹ erklärte er. ›Wieviele Systeme, glauben Sie, Herr General,‹ frägt er ›gibt es, nach denen man Bücher aufstellt, konserviert, ihre Titel ordnet, die Druckfehler und falschen Angaben auf ihren Titelseiten richtigstellt und so weiter?‹

Ich muß dir gestehn, wie er mich danach allein gelassen hat, hat es nur zweierlei gegeben, was ich gern getan hätte: entweder in Tränen ausbrechen oder mir eine Zigarette anzünden; aber beides war mir an diesem Ort nicht gestattet! Und was glaubst du, ist geschehen?« fuhr der General vergnügt fort. »Wie ich so verdutzt dastehe, nähert sich mir ein alter Diener, der uns wahrscheinlich schon beobachtet hatte, und er schlurft ein paarmal höflich um mich herum und bleibt dann auch stehn, schaut mich an und fängt mit einer Stimme zu sprechen an, die entweder vom Bücherstaub oder vom Trinkgeldgeschmack ganz mild war. ›Was brauchen der Herr General?‹ fragt er mich. Ich wehre ab, aber der Alte fährt fort: ›Es kommen oft Herren von der Kriegsschule zu uns: der Herr General brauchen mir nur zu sagen, für welches Thema Herr General augenblicklich Interesse haben? Julius Caesar, Prinz Eugen, Graf Daun? Oder soll es etwas Modernes sein? Wehrgesetz? Budgetverhandlungen?‹ Ich versichere dir, der Mann hat so vernünftig gesprochen und hat so viel gewußt, was in den Büchern drinsteht, daß ich ihm ein Trinkgeld gegeben und ihn gefragt habe, wie er das macht. Also was glaubst du? Er erzählt mir wieder, daß die Kriegsschüler, wenn sie eine schriftliche Aufgabe haben, manchmal zu ihm kommen und Bücher verlangen; ›und dann schimpfen sie halt oft ein bißl, wenn ich ihnen die Bücher bring‹, fährt er fort, ›was das für ein Unsinn ist, den sie lernen müssen, und dabei erfährt unsereiner allerhand. Oder es kommt der Herr Abgeordnete, der den Bericht über das Schulbudget abzufassen hat, und fragt mich, was der Herr Abgeordnete, der den Bericht im vergangenen Jahr abgefaßt hat, dazu für Unterlagen benutzt hat. Oder es kommt der Herr Prälat, der schon seit fünfzehn Jahren über bestimmte Käfer schreibt, oder einer von den Herrn Universitätsprofessoren beschwert sich, daß er schon drei Wochen lang ein bestimmtes Buch verlangt, ohne daß er es bekommt, und da müssen alle Nachbarregale durchsucht werden, ob es nicht verstellt worden ist, bis sich herausstellt, daß er es schon seit zwei Jahren bei sich zu Haus und nicht zurückgegeben hat. Und das geht jetzt schon so fast vierzig Jahre; da merkt man sich ganz von selbst, was der Mensch will und was er dazu liest.‹

›Na,‹ sag ich ihm, ›mein Lieber, was ich zu lesen suche, das kann ich Ihnen trotzdem nicht ganz so einfach auseinandersetzen!‹

Und was glaubst du, antwortet er mir? Er schaut mich bescheiden an, nickt und sagt: ›Ich bitte gehorsamst, Herr General, das kommt natürlich vor. Erst unlängst hat eine Dame mit mir gesprochen, die genau das gleiche gesagt hat; vielleicht kennen sie Herr General, es ist die Frau Gemahlin vom Herrn Sektionschef Tuzzi aus dem Ministerium des Äußern?‹

Also was sagst du? Ich denke, mich trifft der Schlag! Und wie der Alte das merkt, bringt er mir richtig alle Bücher herbei, die sich Diotima dort reservieren läßt, und wenn ich jetzt in die Bibliothek komme, ist das geradezu wie eine heimliche geistige Hochzeit, und hie und da mach ich vorsichtig mit dem Blei an den Rand einer Seite ein Zeichen oder ein Wort und weiß, daß sie es am nächsten Tag finden wird, ohne eine Ahnung zu haben, wer da in ihrem Kopf drinnen ist, wenn sie darüber nachdenkt, was das heißen soll!«

Der General machte eine selige Pause. Aber danach riß er sich zusammen, bitterer Ernst strömte in sein Gesicht, und er fuhr von neuem fort: »Nimm dich jetzt, so gut du kannst, einen Augenblick zusammen, ich will dich etwas fragen. Wir alle sind doch überzeugt, daß unser Zeitalter so ziemlich das geordnetste ist, das es je gegeben hat. Ich habe das zwar einmal vor Diotima als ein Vorurteil bezeichnet, aber natürlich habe ich dieses Vorurteil selbst. Und nun habe ich sehen müssen, daß die einzigen Menschen, die eine wirklich verläßliche geistige Ordnung besitzen, die Bibliotheksdiener sind, und frage dich – nein, ich frage dich nicht; wir haben ja schon seinerzeit darüber gesprochen, und ich habe seit meinen letzten Erfahrungen natürlich von neuem darüber nachgedacht und ich sage dir: Stell dir vor, du trinkst Schnaps, ja? Gut in gewissen Lagen. Aber du trinkst noch und noch und noch Schnaps; kannst du mir folgen? So bekommst du zuerst einen Rausch, später das Delirium tremens und schließlich den Ehrenkondukt, und der Kurat spricht irgendetwas von eiserner Pflichterfüllung an deinem Grab. Hast du dir das vorgestellt? Also, wenn du dir das vorgestellt hast, da ist ja weiter nichts dabei, so stell dir jetzt Wasser vor. Und stell dir vor, du mußt immer mehr davon trinken, so bist du schließlich ersoffen. Und stell dir Essen vor bis zur Darmverschlingung. Und jetzt die Heilmittel, Chinin oder Arsen oder Opium. Wozu? wirst du fragen. Aber lieber Kamerad, jetzt mache ich dir erst den hervorragendsten Vorschlag: Stell dir Ordnung vor. Oder stell dir lieber zuerst einen großen Gedanken vor, dann einen noch größeren, dann einen, der noch größer ist, und dann immer einen noch größeren; und nach diesem Muster stell dir auch immer mehr Ordnung in deinem Kopf vor. Zuerst ist das so nett wie das Zimmer eines alten Fräuleins und so sauber wie ein ärarischer Pferdestall; dann großartig wie eine Brigade in entwickelter Linie; dann toll, wie wenn man nachts aus dem Kasino kommt und zu den Sternen ›Ganze Welt, habt acht; rechts schaut!‹ hinauf kommandiert. Oder sagen wir, im Anfang ist Ordnung so, wie wenn ein Rekrut mit den Beinen stottert und du bringst ihm das Gehen bei; dann so, wie wenn du im Traum außer der Tour zum Kriegsminister avancierst; aber jetzt stell dir bloß eine ganze, universale, eine Menschheitsordnung, mit einem Wort eine vollkommene zivilistische Ordnung vor: so behaupte ich, das ist der Kältetod, die Leichenstarre, eine Mondlandschaft, eine geometrische Epidemie!

Ich habe mich mit meinem Bibliotheksdiener darüber unterhalten. Er hat mir vorgeschlagen, daß ich Kant lesen soll oder so etwas dergleichen, über die Grenzen der Begriffe und des Erkenntnisvermögens. Aber ich will eigentlich nichts mehr lesen. Ich habe so etwas Komisches im Gefühl: ein Verständnis dafür, warum wir beim Militär, die wir die größte Ordnung haben, gleichzeitig bereit sein müssen, in jedem Augenblick unser Leben hinzugeben. Ich kann nicht ausdrücken, warum. Irgendwie geht Ordnung in das Bedürfnis nach Totschlag über. Und ich bin jetzt ehrlich besorgt, daß deine Kusine mit ihren Bestrebungen am Ende noch etwas anrichtet, das ihr sehr schaden kann, während ich ihr weniger helfen kann als je! Kannst du mir folgen? Was so die Wissenschaft und Kunst nebenbei leistet, an großen und bewundernswerten Gedanken, das natürlich in Ehren, dagegen will ich nichts gesagt haben!«

Bibliotheken: Die Bücher demonstrieren Weisheit und zeigen ausnahmslos jedem den Rücken.

Hanns-Hermann Kersten

Gina Kaus

Haben tun wir's sicher. Aber finden?

Um diese Zeit erhielt ich den Brief einer deutschen Feuilletonagentur, die offenbar nicht wußte, daß ich ein »verbrannter Autor« war, und bei mir anfragte, ob ich für sie eine Reihe von Artikeln über berühmte Liebespaare schreiben würde. Zur Anregung schickte sie mir ein Buch vom Beginn des Jahrhunderts mit Aufsätzen über berühmte Liebespaare, angefangen bei Abélard und Heloíse. Da es nun da war, las ich das Buch und fand ein Feuilleton über Katharina die Große und Orlow darin, das einen gewissen Eindruck auf mich machte, den Eindruck: »Das muß irgendwie anders gewesen sein.« Die Affäre interessierte mich, und ich verlangte in der Zentralbibliothek ein Buch über Katharina die Große. Sie hatten keines außer Katharinas Autobiographie. Ich entlieh sie. Sie begann mit den Worten: »Bei meiner Geburt herrschte geringe Freude. Meine Eltern hatten sich einen Sohn gewünscht.« Diese wenigen Worte warfen mich um. Die Kränkung, nur ein Mädchen zu sein, der Wunsch, ein Mann zu werden, waren das Grundthema meiner Jugend und meines Stückes »Toni«. Blitzartig, so will es mir scheinen, sah ich Katharinas Charakter vor mir, ihren Aufstieg, ihre Liebesverhältnisse aus dieser psychologischen Sicht, und ich war fasziniert. So sehr, daß ich zu schreiben begann, noch ehe ich irgendwelche historischen Dokumente über ihr Leben hatte. Ich besorgte mir sofort auf der Universitätsbibliothek und der Nationalbibliothek alle Bücher, die ich über sie und ihre Zeit finden konnte, und ich war bereits tief in der Arbeit, als ich Alexander von meinem Plan schrieb und anstandslos Verträge von Allert de Lange und Cassell bekam.

Die »Katharina« schrieb sich nicht wie unter Diktat, dennoch war es eine Freude. Die Handlung stand fest, ich mußte nur die Personen lebendig machen – und sie waren mir lebendig –, nicht nur Katharina selbst, ihre Vorgängerin, unter deren Fuchtel sie siebzehn Jahre lang gestanden hatte, und alle ihre Liebhaber. Ich mußte nichts erfinden, ich mußte Geschehenes deuten und darstellen, als ob ich es erfunden hätte. Ich liebte Katharina, ich identifizierte mich mit ihr; sie war, wie ich sein wollte.

Es war nicht leicht, in Wien ausführliche Recherchen anzustellen. Ich hätte sie eigentlich auch nicht mehr gebraucht, die Bücher über Katharina und ihre Zeit, die ich mühelos bekommen hatte, genügten; aber es war eine Leidenschaft geworden, alles über sie, über ihre Zeit und das Leben an ihrem Hofe zu erfahren. Die ehemalige Hofbibliothek, die jetzt Nationalbibliothek hieß, besaß, wie ich wußte, alles, was erschienen war, aber es war schwer, daranzukommen. Die Nationalbibliothek hatte keinen Katalog, sondern nur sogenannte Zettelkataloge, Schachteln, in denen für jedes Buch ein Zettel mit der entsprechenden Nummer vorhanden war, und diese Schachteln füllten einen großen Raum vom Boden bis zur Decke. Niemand half dem suchenden Leser, er mußte auf Leitern klettern, um hochgelegene Schachteln – nicht ohne Unfallgefahr – zu erreichen und, auf der Leiter sitzend, die Nummer in ein Notizbuch eintragen. Es war eine mehr sportliche als wissenschaftliche Betätigung. Ich war immer eine schlechte Turnerin, dennoch überwand ich alle Schwierigkeiten und brachte schließlich die Nummer eines Werks, das mir Details über das zaristische Hofleben versprach, von der Leiter herunter und übergab sie dem zuständigen Archivar. Aber auch nach einer Woche, ja, nach zwei Wochen kam das Buch noch nicht zum Vorschein. Ich brauchte es nicht besonders dringend, aber ich hatte so viel und so mühselige Arbeit hineingesteckt, daß ich mir eine Empfehlung von der »Arbeiter-Zeitung« an einen Hofrat geben ließ, der mit diesen Fragen befaßt war, und ihn aufsuchte, um mich zu beschweren. Er nahm mir den Zettel, auf dem ich die Nummer notiert hatte, aus der Hand, sah ihn lange an, und dann sagte er in schönstem Wienerisch: »Wissen S', Wien is a Katakombenstadt. Wir haben dreierlei Katakomben. Da sind die unter Sankt Stephan mit die Leichen aus der Römerzeit; dann die unterm Rathaus mit dem Wein – hunderttausend Flaschen mit altem Wein. Und dann hier, unter der Bibliothek – da san mir. Die Katakomben gehen bis zum Graben.« Er sah nochmals auf den Zettel. »99678-A7 – haben tun mir's sicher. Aber finden?!«

Ich verbürge mich für die Echtheit dieser Anekdote.

Andererseits: Als ich im weiteren Verlauf meiner Arbeit über Katharina herausgefunden hatte, daß sie in ihrem späteren Leben ein paar Lustspiele in französischer Sprache geschrieben hatte, um sie am russischen Hof aufführen zu lassen, machte ich den eigentlich lächerlichen Versuch, mir diese Lustspiele zu beschaffen und ging zu einem anderen Hofrat, dem Leiter der Theaterabteilung der Nationalbibliothek. Durch ihn bekam ich diese (sehr schlechten) Lustspiele binnen vierundzwanzig Stunden.

Endlich hast du einen freien und ruhigen Tag.
Du gehst in die Bibliothek, schaust in den Katalog
und unterdrückst mit knapper Not einen Freudenschrei,
nein, zehn Freudenschreie: Alle Autoren und Titel, die du
suchst, sind säuberlich im Katalog verzeichnet.

Italo Calvino

Anton Kuh

Ich suche eine Lichtenberg-Stelle

Georg Christoph Lichtenberg, Mathematiker, Satiriker, Aphoristiker, merkwürdige huzelmännische Kreuzung aus Lawrence Sterne und Arthur Schopenhauer, gehört zum geistigen Grundbestand der Deutschen, keiner wird verfehlen, seinen Namen als heilige Lippenzier zu gebrauchen und ihn gegebenenfalls gegen das gesamte Schrifttum der Gegenwart auszuspielen.

Infolgedessen hatte ihn, als ich mir eine Stelle aus seinen Londoner Briefen abschreiben wollte, kein Wiener Buchhändler vorrätig. Aber – fiel mir da ein – wozu gibt es denn die große Hof-, jetzt Nationalbibliothek? Ich will mit ihr aus diesem Anlasse Bekanntschaft machen!

Ein Nebentrakt der alten Hofburg ist ihre Herberge. Welcher wundervolle graue Barockbau auf dem stillen Josephsplatz! Wie vorzeitnobel dieses symmetrische Viereck mit den reingefegten Pflasterbuckeln!

Kühler Feudalhauch weht aus dem Vorraum, aus Zimt und Lack gemengt, der gewisse Duft parkettierter Säle, den das Belvedere, das Burgtheater und die vornehmen Regierungsbauten ausstrahlen.

Ein alter Diener im Amtskleid, Typus: Logenschließer (er hat Erzherzogen aus dem Mantel geholfen), nimmt mir die Garderobe ab und verabreicht mir dagegen eine numerierte Blechmarke; ohne die gibt's oben keinen Sitzplatz!

»Wieviel bin ich schuldig?«

Oh, nichts natürlich! Der Staat legt auf den Bildungshunger keine Steuer. Und dann ist man ja gewissermaßen noch immer beim Kaiser zu Gast …

Die breite weiße Fürstentreppe hinan! An jeder Biegung ein schwarzer Laternenaufsatz. Deckengemälde.

Vorraum zwei. Diener huschen auf leisesten Sohlen, das Parkett knarrt störungsängstlich, diskret.

Ich blättere in faustdicken Katalogen. Nichts zu finden! Ja, sagt man, sie sind ja nur für die Handbibliothek. Ich möge also Titel, Verlagsart und Autor des gewünschten Werkes auf einen Zettel schreiben. Jedoch bei diesen verräumten Büchern heißt es natürlich, sich ein, zwei Tage gedulden. Außer der Herr Direktor …

Der Herr Direktor – sehr gut, wozu bin ich selber Mann der Feder? Ich lasse mich bei ihm anmelden. Als ich des munteren, etwa fünfunddreißigjährigen und poetisch frisierten Herrn ansichtig werde, geht mir rasch ein Stück österreichischer Literaturgeschichte durch den Kopf. Direktor der Hofbibliothek – hat nicht Franz Grillparzer beinah sein Lebtag lang in Ministerialvorzimmern herumgestanden, um diese Stelle zu bekommen? War er wegen dieses äußersten, tiefst erflehten Lebensziels, das ihm endlich Schaffensruh' vergönnen sollte, nicht zweimal bei Sr. Majestät Franz I. in Audienz und beide Male vergeblich, da er durch sein heidnisches, romfeindliches Gedicht über die Ruinen des Campo vacino und hernach durch seine Ode auf die Genesung des Thronfolgers (Ferdinand des Gütigen) den höfischen Takt verletzt hatte?

Der blonde helläugige Mann hier war in der Bewerbung glücklicher. O bitte, natürlich, sofort, sagt er, als ich ihm mein Ansuchen vortrage, und steckt mir zugleich einen Widmungsband seiner soeben erschienen Novellen in die Tasche.

Ich suche mit ihm gemeinsam in großen Verzeichnisbüchern und schreibe die Daten auf ein kleines vorgedrucktes Papier.

»Kann ich auf das Buch warten?«

Nein, leider, das geht nicht. Nämlich: in den Kellermagazinen, die sich bis zur Bräunerstraße hinüber erstrecken, sind nahezu zwei Millionen Bücher untergebracht, sage und schreibe: Millionen zwei – ich müßte doch erst den Zettel einem Diener übergeben und am nächsten Tag wiederkommen.

Zwei Millionen, ich kann es noch immer nicht fassen. Mir fällt ein, daß ich schon in der Jugend davon hörte, mit welchen fabelhaften Werten die innere Stadt unterkellert sei, auf welchem dreifach symbolischen

Weihegrund sie ruhe: Die Katakomben von St. Stephan mit Urvätergräbern und Heiligengebeinen, die Weinkellereien des Rathauskellers und die Bücher der Hof- und Universitätsbibliothek unterminieren die ganze Stadt. Der Punkt, wo Wein, Buch und Glaube in einem Kreuzgang zusammenstoßen, dürfte der Schwerpunkt Wiens sein … Ein wunderbares Oberweltgefühl!

Am nächsten Tag erscheine ich wieder.

»Bitte?«

»Lichtenbergs ausgewählte Werke. Der Direktor hat persönlich den Zettel abgegeben.«

Der Diener sucht unter den Papierschnitzeln, und ein zweiter hilft ihm, ein dritter steckt den Kopf über beide. Dann, sich an den nächsten Petenten wendend und ohne mich anzusehen, spricht der erste: »Nix is. Der Zettel is in Verlor gangen.«

Kein Wort sonst.

Ich steige die prachtvolle Barocktreppe hinab und beneide einen Augenblick lang Lichtenberg um seine unzugängliche Ruhestatt: hundert Klafter tief unter Wien, zwischen Gumpoldskirchner und Heiligenknochen.

Tausend Bücher öffneten wie tausend Lebensfernrohre Perspektiven nach außen.

Béla Balázs

Die beste Definition der Heimat ist Bibliothek.

Elias Canetti

EIN ORT DER INSPIRATION

So bin ich so weit gekommen, die Menschen als wandelnde Biographien zu sehen und die Mietshäuser der Großstädte als Buchregale, in denen die lebenden Bücher geschlichtet liegen.

Michael Springer

Das behagen, das alte Lesesäle ausstrahlen, hat viele Wurzeln, architektonische ebenso wie raumklimatische, und die Bücherwände vermitteln eine fühlbare Präsenz imaginierter Welten und gesammelter Gedanken. An diesen Regalen sind Leser immer schon durch das Weltwissen gesurft. Warm und geheimnisvoll locken die Buchwände mit einer unendlichen Zahl von Lese-Optionen. So, wie sich die Aura sakraler Orte über die Jahrhunderte mit den emotionalen Überschüssen und Erwartungshaltungen der Gläubigen angereichert haben mag, ist in den Lesesälen die Denk- und Lesearbeit von Millionen Lesern atmosphärisch zu spüren. Hier, im »großen alten Saal, beim Licht der grünen Lämpchen, in der Stille der feierlichen Buchstabenabspeisung«, ist ein geistiger Höhenflug *denk*bar, wie ihn Ingeborg Bachmann (1926–1973) in ihrer Erzählung »Das dreißigste Jahr« (1961) beschreibt.

Niemals und nirgends, bis heute, habe ich mich geborgener gefühlt als an meinem Platz in diesem Lesesaal: unter Gleichgesinnten und doch allein, abgeschirmt von der Außenwelt und doch ohne klaustrophobische Enge.

Hilde Spiel

Ingeborg Bachmann

Hoch auf der Gedankenschaukel

Einmal, als er kaum zwanzig Jahre alt war, hatte er in der Wiener Nationalbibliothek alle Dinge zu Ende gedacht und dann erfahren, daß er ja lebte. Er lag über den Büchern wie ein Ertrinkender und dachte, während die kleinen grünen Lampen brannten und die Leser auf leisen Sohlen schlichen, leise husteten, leise umblätterten, als fürchteten sie, die Geister zu wecken, die zwischen den Buchdeckeln hausten. Er *dachte* – wenn jemand versteht, was das heißt! Er weiß noch genau den Augenblick, als er einem Problem der Erkenntnis nachging und alle Begriffe locker und handlich in seinem Kopf lagen. Und als er *dachte* und *dachte* und wie auf einer Schaukel hoch und höher flog, ohne Schwindelgefühl, und als er sich den herrlichsten Schwung gab, da fühlte er sich gegen eine Decke fliegen, durch die er oben durchstoßen mußte. Ein Glücksgefühl wie nie zuvor hatte ihn erfaßt, weil er in diesem Augenblick daran war, etwas, das sich auf alles und aufs Letzte bezog, zu begreifen. Er würde durchstoßen mit dem nächsten Gedanken! Da geschah es. Da traf und rührte ihn ein Schlag, inwendig im Kopf; ein Schmerz entstand, der ihn ablassen hieß, er verlangsamte sein Denken, verwirrte sich und sprang von der Schaukel ab. Er hatte seine Kapazität zu denken überschritten oder vielleicht konnte dort kein Mensch weiterdenken, wo er gewesen war. Oben, im Kopf, an seiner Schädeldecke, klickte etwas, es klickte beängstigend und hörte nicht auf, einige Sekunden lang. Er meinte, irrsinnig geworden zu sein, und umkrallte sein Buch mit den Händen. Er ließ den Kopf vornüber sinken und schloß die Augen, ohnmächtig bei vollem Bewußtsein.

Er war am Ende.

Er war mehr am Ende als je, als wenn er bei einer Frau war und wenn in seinem Gehirn alle Leitungen einen Augenblick lang unterbrochen waren, er die Vernichtung seiner Person erhoffte, sich eintreten fühlte in das Reich der Gattung. Denn was hier vernichtet worden war, in dem großen alten Saal, beim Licht der grünen Lämpchen, in der Stille der feierlichen Buchstabenabspeisung, war ein Geschöpf, das sich zu weit erhoben hatte, ein Flügelwesen, das durch blaudämmernde Gänge einem Lichtquell zustrebte, und, genau genommen, ein Mensch, nicht mehr als ein Widerpart, sondern als der mögliche Mitwisser der Schöpfung. Er wurde vernichtet als möglicher Mitwisser, und von nun an würde er nie wieder so hoch steigen und an die Logik rühren können, an die die Welt gehängt ist.

Er wußte sich abgewiesen, unfähig, und von Stund an war ihm die Wissenschaft ein Greuel, weil er sich darin vergangen hatte, weil er zu weit gegangen und dabei vernichtet worden war. Er konnte nur noch dies und jenes dazulernen, ein Handlanger werden und seinen Verstand geschmeidig erhalten, aber das interessierte ihn nicht. Er hätte sich gern außerhalb aufgestellt, über die Grenze hinübergesehen und von dorther zurück auf sich und die Welt und die Sprache und jede Bedingung. Er wäre gerne mit einer neuen Sprache wiedergekehrt, die getaugt hätte, das erfahrene Geheimnis auszudrücken.

So aber war alles verwirkt. Er lebte, ja, er lebte, das fühlte er zum ersten Mal. Aber er wußte jetzt, daß er in einem Gefängnis lebte, daß er sich darin einrichten mußte und bald wüten würde und diese einzige verfügbare Gaunersprache würde mitsprechen müssen, um nicht so verlassen zu sein. Er würde seine Suppe auslöffeln müssen und am letzten Tag stolz oder feig sein, schweigen, verachten oder wütend zu dem Gott reden, den er hier nicht antreffen konnte und der ihn dort nicht zugelassen hatte. Denn hätte er mit dieser Welt hier etwas zu tun, mit dieser Sprache, so wäre er kein Gott. Gott kann nicht sein in diesem Wahn, kann nicht in ihm sein, kann nur damit zu tun haben, daß dieser Wahn ist, daß da dieser Wahn ist und kein Ende des Wahnes ist!

Nachweise

Texte

Ingeborg Bachmann: Hoch auf der Gedankenschaukel*. In: Dies.: Das dreißigste Jahr © 1997 Piper Verlag GmbH, München. S. 30–32

Sir Galahad: Vielleicht der schönste Profanbau der weißen Welt*. In: Dies.: Die Kegelschnitte Gottes © 1932 Albert Langen, München. S. 390–396

August Heinrich Hoffmann von Fallersleben: Gute Ausbeute in der Hofbibliothek* 1826 – 1834 – 1839. In: Ders.: Mein Leben. Teil 1, Berlin 1894. Die erste Reise 1827: Teil 1. Zweiter Band, S. 154–157. Die zweite Reise 1834: Teil 1. Zweiter Band, S. 199–203. Die dritte Reise 1839: Teil 1. Dritter Band, S. 250–252

Gina Kaus: Haben tun wir's sicher. Aber finden?*. In: Dies.: Und was für ein Leben … mit Liebe und Literatur, Theater und Film © 1979 Albrecht Knaus Verlag, Hamburg. S. 187–189

Anton Kuh: Ich suche eine Lichtenberg-Stelle. In: Ders.: Luftlinien. Feuilletons, Essays und Publizistik. Hrsg.: Ruth Greuner © 1981 Volk und Welt, Berlin. S. 96–98

Robert Musil: „Der Mann ohne Eigenschaften" in: Ders.: Gesammelte Werke, hrsg. von Adolf Frisé © 1978 by Rowohlt Verlag GmbH, Reinbeck bei Hamburg. S. 459–465

Johann Kaspar Riesbeck: Die Bibliothek ist ohne Vergleich*. In: Ders.: Briefe eines reisenden Franzosen über Deutschland an seinen Bruder in Paris. Band 1. 1784. (Neunundzwanzigster Brief)

Gerhard Roth: In den Bücher-Katakomben im Jahr 1991*. In: Ders.: Eine Reise in das Innere von Wien © S. Fischer Verlag GmbH, Frankfurt am Main 1991. S. 15–19

Johann Andreas Schmeller: Eine Kuppelkirche dem literarischen Schatz*. Lob und Tadel anno 1839*. Brief vom 18. Oktober 1839. Abgedruckt in: Franz Georg Kaltwasser; „Der Eindruck, den dieser Büchertempel auf den Eintretenden macht, ist allerdings imposant." Ein Bericht Johann Andreas Schmellers über die k. k. Hofbibliothek in Wien aus dem Jahr 1839. In: Biblos. Beiträge zu Buch, Bibliothek und Schrift. Hg.: ÖNB. (46) Böhlau 1997, Nr. 2, S. 306–311

Charles Sealsfield: Nur ein toter Schatz?*. In: Ders.: Kucher, Primus Heinz (Hrsg.): Charles Sealsfield – Karl Postl: Österreich, wie es ist – Oder: Skizzen von Fürstenhöfen des Kontinents. Von einem Augenzeugen, London 1828. Leseausgabe © 1997 Böhlau, Wien, Köln, Weimar. S. 138 f.

Frances Trollope: Die schönsten Stunden in Wien*. In: Dies.: Briefe aus der Kaiserstadt. Hrsg. u. bearb. von Rudolf Garstenauer, nach der Übersetzung von Jahann Sporschil © 1966 Steingrüben, Stuttgart. S. 185–187

Ludwig Uhland: Für literarische Zwecke sehr günstig*. In: Ders.: Briefwechsel. Hrsg.: Julius Hartmann. Teil 3: 1834–1850. © Cotta, Stuttgart, Berlin 1914. S. 105–107

Hilde Zaloscer: Geborgenheit*. In: Dies.: Eine Heimkehr gibt es nicht. Ein österreichisches curriculum vitae © 1988 Löcker Verlag, Wien. S. 50–51

Die mit * versehenen Titel sind von der Herausgeberin

Abbildungen

S. 14: Hölerlin, Friedrich: Hyperion. – Potsdam, Kiepenheuer [1921]. ÖNB Sammlung von Handschriften und alten Drucken, 1,544.820. Alt Einb

S 20: „Die Keyserliche Bibliothec". Hofbibliothek in Wien unter Kaiser Leopold I. Aus: Brownes Reisen. Nürnberg 1711. Kupferstich. 206 × 305 mm, Sammlung Christian Brandstätter, Wien

S. 22: Frontalansicht der Hofbibliothek. Federzeichnung, 18. Jahrhundert, Ausschnitt. ÖNB Bildarchiv NB 7410C, Cod. 7853, fol. 21

S. 25: Rudolf Köhl: Ex Libris Dr. Hans Wittak, 1928. Holzschnitt, 77 × 57 mm. ÖNB Flugblätter, Plakate und Exlibris-Sammlung, A-K, E-16255

S. 33: Ansicht der Hofbibliothek, Vorderfront. Stich nach eigener Zeichnung von Salomon Kleiner. ÖNB Bildarchiv E 21462B

S. 36: Marianne Hitschmann-Steinberger: Ex Libris Albert Ross, vor 1910. Holzschnitt, 143 × 43 mm. ÖNB Flugblätter, Plakate und Exlibris-Sammlung, Altbestand 15/190

S. 42: Otto Feil: Ex bibliotheca mea Ans van der Kuylen, 1935. Linolschnitt, 88 × 57 mm. ÖNB Flugblätter, Plakate und Exlibris-Sammlung, A-K, E-15304

S. 44: Anonym: Ex Libris Gerardi L. B. van Swieten, nach 1767. Kupferstich, 100 × 77 mm. ÖNB Flugblätter, Plakate und Exlibris-Sammlung, Altbestand 31/71

S. 48: Burggarten. Aufblick zur Rückfront der Hofbibliothek und zum astronomischen Turm. Foto Anfang zweite Hälfte 19. Jahrhundert. ÖNB Bildarchiv 154516C

S. 53: Anonym: Ad Bibliothecam Conradi ab Albrecht, 18. Jahrhundert. Kupferstich, Plattenrand beschnitten, 135 × 97 mm. ÖNB Flugblätter, Plakate und Exlibris-Sammlung, Altbestand 22/1

S 57: Augustinerlesesaal. ISB Staff Photo, 1. 6. 1955. ÖNB-Bildarchiv US12821B5

S. 61: Christian von Hattingberg: Wir schaffen es mit dem Fachbuch. Druck: Berlin (?) 1932. 840 × 590 mm. ÖNB Flugblätter, Plakate und Exlibris-Sammlung, 16306667

S. 62: Einladungskarte zur Eröffnung der Ausstellung „Denn die Gestalt dieser Welt vergeht", Österreichische Nationalbibliothek, 31. Mai 1996

S. 64: Statue Kaiser Karls VI. im Prunksaal der Wiener Hofbibliothek (Nationalbibliothek), umrahmt von Minerva, Urania und zahlreichen wissenschaftlichen Geräten. Allegorie. Um 1730. Kupferstich von J. J. Sedelmayr nach Zeichnung von D. Bertoli. 309 × 203 mm, Sammlung Christian Brandstätter, Wien

S. 67: Bibliothek Ste. Genevieve in Paris. 18. Jahrhundert. Kolorierter Kupferstich. 300 × 444 mm, Sammlung Christian Brandstätter, Wien

S. 77: Gelehrter in seiner Bibliothek beim Studium der Bibel. 18. Jahrhundert. Kupferstich von A. Nunzer fil. 201 × 154 mm, Sammlung Christian Brandstätter, Wien

S. 82: „Bibliothèque". 18. Jahrhundert. Kupferstich von N. Bonnart (Paris). 233 × 305 mm, Sammlung Christian Brandstätter, Wien

S. 88: Emmerich Schaffran: Ex Libris Marco Brinholz, 1935, Lithographie, 140 × 91 mm. ÖNB Flugblätter, Plakate und Exlibris-Sammlung, A-K, E-17396

S. 90: Franco Rognoni: Ex Libris Amy e Luigi Bergomi, 1995. Radierung, 124 × 100 mm. ÖNB Flugblätter, Plakate und Exlibris-Sammlung, Neu 2006

S. 94: Uriel Birnbaum: Ex Libris Magister Marco Brinholz, 1934. Heliogravure, 106 × 73 mm. ÖNB Flugblätter, Plakate und Exlibris-Sammlung, Altbestand 34/122

S. 107: Bibliothek im Kloster Strahov in Prag. 18. Jh. Kupferstich von Johann Berka (Prag). 255 × 188 mm, Sammlung Christian Brandstätter, Wien

S. 112: Erika von Waldenfels: Ex Libris Ottoline v. d. Vies. o. J. Holzschnitt, 95 × 57 mm. ÖNB Flugblätter, Plakate und Exlibris-Sammlung, Tschechische Sammlung

S. 117: Hermann Kosel: Der Tag des Buches. Druck: Christoph Reisser, Wien 1929. 950 × 630 mm. ÖNB Flugblätter, Plakate und Exlibris-Sammlung, 16308469

S. 118: „Bibliothec". Kupferstich. Aus: Hyacinth Marian. Topographia Windhagiana … Wien 1673, Sammlung Christian Brandstätter, Wien

S. 120: Karl Fischer-Köystrand: Ex Libris Mabel Böhler, um 1910. Klischee, 108 × 140 mm. ÖNB Flugblätter, Plakate und Exlibris-Sammlung, A–K, E 15554

S. 122: Martin Tyroff: Ex Libris Wilhelmi Alexandri Balaus, 18. Jahrhundert. Kupferstich, 182 × 140 mm. ÖNB Flugblätter, Plakate und Exlibris-Sammlung, Altbestand 22/3